Ansiedad en las relaciones

Cómo superar la inseguridad y la negatividad para lidiar con los celos y el apego al amor

Written By

Rodrigo Pacheco

Créditos

Este documento está orientado a proporcionar información exacta y confiable respecto al tema en cuestión. La publicación es vendida con la idea de que el editor no está obligado a prestar servicios calificados, oficialmente permitidos o rendir cuentas de otra manera. Si algún asesoramiento es necesario, ya sea legal o profesional, debe ser ordenado a una persona con experiencia en la profesión.

De una Declaración de Principios la cual fue aceptada y aprobada igualmente por un Comité del Colegio de Abogados de los Estados Unidos y por un Comité de Editores y Asociaciones.

trictamente prohibida y cualquier almacenamiento de este documento no está permitido a menos que tenga el permiso por escrito del editor.

Tabla de Contenido

Introducción

Disfrutar de una vida sentimental plena y feliz se ha convertido, con el transcurrir de los años, en una de las muchas imposibilidades del ser humano. Esta es una preocupación que ha calado tan profundamente en la sociedad, y a tal nivel, que se ha tornado muy difícil discernir cuáles son las verdaderas causas o razones que llevan a una pareja a dar por terminada la relación. O, en el peor de los casos, a aferrarse a sangre y fuego al clave ardiente del *otro* con base en una independencia emocional desgarradora, infértil y tan dolorosa como la peor de las torturas. ¿Cuál es, pues, el propósito de este libro?

El título otorga algunas ideas más o menos claras sobre las necesidades que, como autor, busco dirimir a lo largo de los 7 capítulos que componen esta obra. No obstante, son muchas más las pequeñas sub-tramas, ramificaciones que se desprenden de la idea general. Y es que, como individuos, a veces no somos capaces o no tenemos las herramientas necesarias para construir un diagnóstico lúcido sobre lo que ocurre en el fuero interno de nuestra intimidad. Estamos, por decirlo de un modo sencillo, ensimismados. Y este ensimismamiento es tal, tan arraigado, que funciona como un vendaje que cubre nuestros ojos, impidiéndonos ver detalles y actitudes (tanto propias como ajenas) que podrían estar empujando nuestra relación hacia un abismo sin fin.

Al margen de las posibles explicaciones que derivan en una relación sentimental disfuncional (que serán tratadas con profesionalismo, empatía y compromiso), conviene saber qué hacer, cómo interpretar lo que pasa en la cabeza del otro, y en la nuestra, tejiendo así un panorama mucho más transparente sobre el que será mucho más sencillo plantear acciones o estrategias correctivas. Este es un libro que gira en torno a la dependencia emocional, sí, pero va mucho más allá. Hablar de dependencia emocional, para muchos autores, es situarnos en una posición donde no hay vuelta atrás. En lo personal, creo que es un estadio más dentro del inmenso universo de probabilidades que nos propone una relación romántica o sentimental.

¿Cuáles son, pues, los temas focales del libro que hoy tienes entre tus manos? Son muchos y todos provienen de una misma raíz estructural. Como raíz: la imprescindible presencia y acción de las relaciones interpersonales en el ser humano, conocido como el animal social de todas las especies que componen este planeta. Entre las muchas ramificaciones que surgen de esta raíz, como las ramas que se desprenden de un árbol florido, están la inseguridad romántica, los celos, la ansiedad, la comprensión del otro como un ente independiente, sus especificidades (y las nuestras), cómo estas interactúan constantemente en el escenario de una relación sentimental.

¿Por qué las relaciones se han vuelto cada vez más disfuncionales, corrosivas, dañinas? Son muchas las explicaciones posibles, tanto desde el punto de vista sociológico/psicológico/antropológico como desde el análisis objetivo/material. Sin embargo, creo que entender las razones sirve solo como un vehículo hacia soluciones prácticas y no como eje constructor de nuevas formas de amar. Para ello he dispuesto de una serie de capítulos orientados a resolver esta necesidad primordial del ser humano: ¿cómo superar la ansiedad en las relaciones? ¿Son evitables? ¿Es posible salir de la dependencia emocional? Para responder a estas preguntas, he preparado distintos tópicos a lo largo de 7 capítulos que van de la siguiente manera:

Primer capítulo, Comportamientos irracionales en la relación, causados por la ansiedad: la mejor forma de abrir este tema tan apasionante es ampliar y profundizar el impacto de los celos en una relación. Pero no solo los celos, también se abordan otros comportamientos irracionales que tienen como razón de ser la ansiedad. Es un capítulo perfecto para aquellas personas o lectores que se encuentren confundidos por ciertas acciones de su pareja. Muchas de estas, querido lector o lectora, tienen un estrecho vínculo con la imponente carga emocional que supone la ansiedad. De manera que si quieres identificar la ansiedad a través de los comportamientos más inexplicables (tuyos, porque la evaluación también es fundamental, o de tu pareja), las reflexiones halladas aquí te serán de gran ayuda.

Segundo capítulo, Aprendiendo a comprender a tu pareja: ¿qué sucede cuando abandonamos por un instante el ensimismamiento y nos centramos en resolver los problemas de la pareja? Sucede que evaluamos el todo a pesar de saber que son partes individuales y diferenciadas. Esto implica entender a tu pareja. ¿Es fácil? Lo es si sabes cómo, y para ello he preparado algunas recomendaciones y observaciones de gran utilidad en este, el segundo capítulo del libro que te dará respuestas claras y concisas sobre cómo lidiar con la ansiedad en una relación de pareja. Los subcapítulos que encontrarás en estas páginas tienen una característica que considero esencial: pueden ser probados por ti mismo en la práctica diaria.

Tercer capítulo, Posibles causas de la ansiedad en las relaciones: como el título lo establece, en el tercer capítulo se abordan las posibles causas de la ansiedad, tomando en consideración elementos externos, internos e inherentes a la dinámica de convivencia dentro de la relación.

Cuarto capítulo, Estrategias prácticas para resolver la ansiedad: ¿qué puedo ofrecerte para sanear tu relación? En primer lugar, conocimiento. Hay relaciones que pueden salvarse con pequeños ajustes en la dinámica de la misma; hay otras para las que una reconstrucción de la confianza, de la pasión o del amor es prácticamente imposible. Esto no significa que seas incapaz de aplicar correcciones funcionales; solo significa que el ser humano, por sus subjetividades, no es una máquina a la que podamos predecir con efectividad matemática. En todo caso, resolver la ansiedad es algo que va en nosotros, por nosotros, más que proteger una relación. La idea de este capítulo es que aprendas técnicas muy útiles, pero también que interiorices algo: resolver la ansiedad solo salvará una relación cuando las dos partes están dispuestas.

Quinto capítulo, Consejos y trucos para una relación larga y feliz: siguiendo la línea del capítulo anterior, aquí extendemos los consejos y trucos. En este caso, para que tu relación funcione a la perfección dentro de las imperfecciones que se esperan. El sexto capítulo, Los errores más comunes que la gente ansiosa comete, contiene un listado bastante completo de las acciones y pensamientos más naturales de alguien que esté atravesando un estadio de ansiedad. Al término de este capítulo, te será fácil determinar si tú estás padeciendo ansiedad (por tus pensamientos y acciones) o si es tu pareja la que se encuentra en tan compleja situación (por sus acciones en el mapa de la relación).

Séptimo capítulo, Plan para aliviar la ansiedad de su pareja: como te comenté anteriormente, no existe un solo párrafo de este capítulo que no pueda ser aplicado en la práctica diaria. Comprueba por ti mismo que lo que te he ofrecido a lo largo de estas páginas es veraz, real e inobjetable. ¿Cómo? En primera persona, aplicándolo en tu vida diaria.

Capítulo 1

Comportamientos irracionales en la relación, causados por la ansiedad

Este primer capítulo está íntimamente vinculado a nosotros. Es decir, a lo que puede estar afectándonos a nivel sentimental. Si bien es cierto que la ansiedad puede provenir del otro, de nuestra pareja, siempre he creído fundamental que el diagnóstico de un conflicto empiece por un autorretrato. Es decir, por un proceso de autoevaluación en el que podamos dirimir si somos nosotros quienes fallamos o si es la otra persona. Pero, más allá de eso, la ansiedad está siempre presente como una opción. Hay quienes se acostumbran a ellas, quienes ceden todo su equilibrio emocional a factores externos. Pero también hay quienes toman las riendas del asunto y trabajan incansablemente para mejorar esto.

En las páginas que leerás a continuación encontrarás elementos de gran valor para comprender cómo la ansiedad puede destruir nuestras relaciones si le damos el suficiente espacio. Ella funciona como un virus. Piensa en ti como un computador; al descargar algún archivo nocivo para la funcionalidad de tu equipo, el antivirus te arrojará una señala. La mayoría de las personas ignoran esta señal porque la computadora sigue funcionando como si nada. Pero, en la realidad, una vez que el virus se ha inoculado en el interior del equipo solo es cuestión de tiempo para que todo empiece a fallar. Puedes perder tu información confidencial, el sistema operativo se tornará cada vez más molesto, todo empezará a funcionar erráticamente.

Lo mismo sucede con la ansiedad. Siempre hay una primera advertencia, un primer indicador que da cuenta de que "ha ingresado el virus de la ansiedad a nuestro organismo". Pero, como todo sigue su curso con aparente normalidad, tomamos la decisión de omitir este llamado de emergencia y seguimos con nuestra vida. Cuando la situación se vuelva insostenible, nos preocuparemos y buscaremos, en la medida de nuestras posibilidades, remediar el problema. Pero, ¿qué pasa si ya es demasiado tarde? En los subcapítulos que leerás a continuación aprenderás todo lo concerniente a esas primeras señales. ¿Cuáles son los comportamientos irracionales que se originan a raíz de la ansiedad? Sin duda, los celos, pero, ¿existen otros síntomas? Los hay, y los conocerás más adelante. Te invito, pues, a abrir esta primera puerta para que adquieras toda la información necesaria para mejorar tu relación.

Conflictos en las relaciones

Antes de avanzar en lo que sucede en un lecho romántico, en la intimidad de una pareja sentimental, conviene destacar la definición de Ansiedad. Existen muchos conceptos, todos más o menos similares y funcionales. Una de las reflexiones más interesantes sobre la ansiedad (sus posibles causas) la extraje del libro Cómo controlar la ansiedad antes de que le controle a usted, de Albert Ellis, uno de los psicoterapeutas cognitivos más importantes en la actualidad, y gran estudioso de este tema. Ellis se refiere a la ansiedad en los siguientes términos:

> La ansiedad surge cuando usted desea algo y ve que es posible que no lo obtenga, o cuando no lo desea y se da cuenta de que corre el peligro de tener que pasar por ello. Si realmente no tuviera usted ningún tipo de preferencias o deseos, sería indiferente a casi cualquier cosa que le pudiera ocurrir y, por tanto, no tendría ansiedad. Sin embargo, lo más probable es que tampoco viviera mucho tiempo porque vivir y sobrevivir depende en gran medida de

desear vivir y desear evitar el dolor, el malestar, los problemas y las dificultades importantes que podrían conducir a la muerte. Para poder sobrevivir, tiene usted que cumplir determinadas funciones —como comer o respirar— y estar mínimamente bien, ya que si se encontrara totalmente a disgusto —por ejemplo, con continuos dolores o privado de cualquier tipo de placer durante un largo tiempo— tendería a perder su motivación por la vida y quizá preferiría morir.

Claro está, su definición está más orientada al ámbito general, pero nos ofrece una perspectiva mucho más práctica de cómo funciona la ansiedad, de cómo se introduce en nosotros. En cuanto a las relaciones de pareja, la ansiedad juega un papel determinante, llegando incluso a ser un factor transversal de ruptura. En todo caso, ¿cuáles son los principales conflictos que este mal puede traer a tu relación? En la mayoría de los casos la ansiedad se manifiesta a través de los celos desmesurados. Celos que surgen de forma irracional, demencial, y que terminan por afectar otros atributos que proporcionan salud y estabilidad en la relación como lo son la comunicación asertiva/efectiva, el miedo y la confianza en el otro.

El concepto de la confianza será tocado en varias oportunidades a lo largo de este libro. Y es que no existe una relación sentimental que funcione adecuadamente si se ha roto la confianza, bien sea unilateral o bilateralmente. En todo caso, este atributo es tan neurálgico como lo es el corazón para el bombeo de sangre en el cuerpo humano. Una relación marcada por la ansiedad (de uno de sus miembros o de todos los implicados) termina ejerciendo una función de obstáculo en el camino. El escritor argentino Julio Cortázar escribió una vez: *Me atormenta tu amor porque no me sirve de puente, porque un puente no se sostiene de un solo lado*. La frase, del libro Rayuela, es una clara referencia a la ruptura de la reciprocidad en el seno de una pareja sentimental.

¿Qué son los celos?

En honor a la verdad, conviene decir que todos los seres humanos hemos sentido celos al menos una vez en la vida. Podría decirse que este es un sentimiento presente en nuestro código genético, aunque no existan estudios que lo confirmen. La historiografía ha encontrado infinidad de testimonios de esta emoción en grabados, libros o pergaminos antiguos. Es innata al ser humano. Pero, ¿por qué sentimos celos? Algunos autores, sobre todo exponentes de la literatura de crecimiento personal y estudiosos del comportamiento humano, han determinado que sentimos celos por un factor crucial: inseguridad. Sentimos temor de perder algo o a alguien. Ese temor se traduce en actitudes y comportamientos irracionales.

En algunos casos, cuando las personas carecen de autocontrol, el aluvión de emociones que representa sentir celos puede tornarse incluso peligroso. Las cifras de maltrato doméstico a causa de los celos, principalmente en Latinoamérica, son alarmantes. En síntesis se puede afirmar que sentimos celos cuando hay en nosotros un claro temor de perder a alguien a quien consideramos pieza fundamental e incuestionable de nuestra vida. En la medida en que superponemos nuestro equilibrio emocional a la presencia de alguien más, los celos son cada vez más notorios y difíciles de esconder o manejar. Pero, por otro lado, hay quienes a pesar de estar *celosos* no exteriorizan este malestar, "tragándose" sus sentimientos para no mostrarse como débiles o dependientes.

Uno de los primeros pasos para lidiar con los celos es aceptarlos como parte de la naturaleza misma. No solo humana, por cierto. El famoso biólogo evolu-

tivo David Barash, en un estudio reali-
zado con pájaros azules se tornaban
agresivos y hostiles cuando el pájaro
macho se encontraba fuera del nido.
Para comprobar que los celos iban en
ambas direcciones, Barash colocó un
juguete de peluche en una rama cerca-
na a la hembra. El pájaro azul macho,
al regresar al nido, se horrorizó ante la
presencia del supuesto rival. Trató de
asustarlo, sin mucho éxito. Luego se
acercó a su compañera y la atacó,
arrancándole las plumas. Esta es una
demostración bastante representativa
de lo que sucede en cualquier especie
con capacidad sensorial cuando carece
de autocontrol y siente celos.

¿Cómo ganarle la batalla a los celos?

1. No confíes en tu propio juicio
   cuando te abrumen los celos: si
   algo ha quedado demostrado a lo
   largo los cientos de estudios llevados a cabo sobre este tema, es

que cuando estamos abrumados por una sensación de celos, nuestra capacidad de tomar decisiones se ve significativamente mermado. Por ejemplo, si en este momento estás "que explotas" de celos, es poco probable que tu cerebro racional te permita tomar las mejores decisiones. Terminarás haciendo comentarios hirientes o tomando actitudes irreflexivas y dañinas.

Aunque es bien sabido por todos, una persona celosa está más expuesta a perder el control de sus decisiones racionales. Actúan *desde las vísceras*, desde la emoción que sienten en el momento. En algunos casos, sobre todo cuando el individuo carece de autocontrol, esto deviene en consecuencias más importantes como la violencia doméstica, el abuso psicológico y, en el peor de los casos, un asesinato. Ahora bien, la idea de este libro no es adentrarnos en noticias tan dolorosas, pero sí creo pertinente hacer mención a que cuando perdemos el timón de nuestra racionalidad, corremos el riesgo de hacer mucho daño a quien amamos.

Por ejemplo, tengo la certeza de que en algún momento has sentido celos, ¿correcto? Yo también. A todos nos ha pasado al menos una vez en la vida. Es ese instante en el que todo lo vemos a través del lente de nuestra emocionalidad, y si bien es cierto que las emociones forman parte del día y son ineludibles, también lo es que el ser humano es una especie racional con la capacidad de actuar con lucidez incluso en el peor de los escenarios. Pero, volviendo al ejemplo, alguien que atraviesa un fogonazo de celos interpreta lo que ocurre a su alrededor a través de esa lente. Si cree que su pareja le engaña, cualquier movimiento le parecerá sospechoso; el más pequeño cambio de actitud le levantará dudas. De allí la importancia de no confiar en tu juicio cuando estás abrumado por esta emoción tan potente y peligrosa.

2. Mira dentro de ti mismo: si algo aprenderás a lo largo de este paseo es que el autoconocimiento es protagonista principal en nuestras emociones. Haz preguntas que apunten a ofrecerte un panorama explicativo de por qué sientes celos. Es posible que, si sientes celos de alguien específico, te sientas inferior a esa persona. En la mayoría de los casos, los sentimientos de inferioridad provienen de comentarios o quejas escuchados durante los primeros años de infancia. En otros, por experiencias vividas en el pasado que no nos resultaron particularmente cómodas. En todo caso, solo quien tiene un diálogo interno honesto entenderá las ra-

zones que le están llevando a sentir celos.

Lo relevante sobre este punto parte de una pregunta que a la vez funciona como eje constructor: ¿cómo es tu relación contigo mismo? Como te expliqué anteriormente, muchos de los celos provienen de una sensación de inseguridad, de "insatisfacción con tus capacidades, con tus atributos". Mantener un diálogo interno positivo implica entender que podemos mejorar en muchos aspectos sin necesidad de sentirnos inferiores en relación al resto. La mente subconsciente es un mundo maravilloso, en el que apenas hemos dado unos pequeños pasos desde la neurociencia. De manera que su funcionamiento sigue siendo un enigma para un alto porcentaje de personas. Es allí donde se construyen atributos como la autoconfianza y la motivación. El enemigo número uno del diálogo interno son los pensamientos limitantes. ¿Cómo enfrentarlos? Lo primero que tienes que hacer es identificarlos. Estos pensamientos son aquellas voces pesimistas que viven en tu cabeza y que a cada instante te dicen "no puedo hacer tal cosa". Por ello identificarlos es fundamental.

Solo en la medida en que los identifiques y analices podrás cambiarlos, de forma funcional, por una estructura de pensamientos más adecuada al tipo de persona que quieres ser. Alguien que se manifieste con gratitud, que confíe en sí mismo, que tome acciones para cambiar siempre para bien.

3. Haz cambios positivos: aunque te parezca increíble (a mí también me lo pareció cuando lo entendí), los celos pueden ser un indicador conductual que habla más de lo que quisieras ser que de lo que

es tu pareja. Por ejemplo, es posible que sientas muchos celos cuando tu pareja interactúa con personas con un gran intelecto o con mucha facilidad para transmitir ideas. Aprovecha este indicador y haz cambios positivos que mejoren tus condiciones de vida, tus atributos personales. Si sientes que él o ella se siente muy cómodo/a conversando sobre temas profundos con otras personas, fórmate y aplica correctivos en esa dirección. Estudia, lee los temas que a ella le interesan, encuentra puntos en común, debates que aviven la conexión intelectual entre ambos.

4. Protege tu independencia: la gran cantidad de estudios orientados a entender los celos nos han permitido entender que estos se presentan cuando tenemos especial miedo a perder a la otra persona. Es decir cuando hemos interiorizado que nuestra vida no

sería igual de feliz si nuestro compañero sentimental dejase de estar presente. Si sientes que no serías nada sin esa relación, es posible que te encuentres atrapado en una celda de dependencia emocional. La consecuencia directa: tomarás una actitud controladora, prejuiciosa, hiriente. Mi recomendación es que robustezcas tu independencia. Imagina escenarios en los que ella no esté, y visualízate siendo igual o más exitoso en estos escenarios. La idea de este ejercicio es que te sientas igual de cómodo y feliz con o sin ella. De esta manera le restarás poder a la dependencia.

5. Invierte tiempo y atención en tu relación: una de las formas más infalibles de ganarle la batalla a los celos es crear recuerdos y anécdotas valiosas con tu pareja. En lugar de recriminarle porque sientes que coquetea con alguien más, invierte tiempo y atención

en pasar ratos amenos con esa persona. Planifica una salida a su lugar favorito, aparte un espacio en tu agenda para ver alguna película que les apasione a ambos, comuníquense mucho y muy abiertamente sobre sus inseguridades, procurando siempre establecer planes de acción para no fomentarlas. Ve a dormir con ella a la misma hora, recuerden los buenos momentos juntos. El refuerzo positivo es, sin dudas, una gran herramienta para superar cualquier emocionalidad proveniente de los celos.

Cuerpo y mente te alertan; señales que indican que podrías estar padeciendo ansiedad

La ansiedad es un tema complejo, es cierto, pero también puede ser entendido y aceptado como un desafío contigo mismo. Es una forma de reencontrarte contigo mismo en medio del aguacero. En la actualidad, por lamentable que parezca, cada vez son más las personas que arrojan sus vidas al cesto de la basura por no saber lidiar con este cuadro de emociones tan fuerte e impredecible. Por otro lado, existe una más que preocupante tendencia a minimizar los efectos de la ansiedad, justificándola en un contexto en que la competitividad y el esfuerzo emocional siempre están a la orden del día. En lo personal, he escuchado cientos de veces comentarios como:

- "No todo es ansiedad. Creo que exageras".
- "Así es la vida. Hay que acostumbrarse".
- "Lo que sientes se te pasarán en unos días".

Estos comentarios, más allá de ser reduccionistas y simplistas, no contribuyen de modo alguno para mejorar o sanear lo que sucede en la mente de esa persona que empieza a manifestar claros signos de ansiedad. Quien se deje llevar por estas afirmaciones (que considero tóxicas y corrosivas), más temprano que tarde dará por sentado que vivir con ansiedad es algo del día a día, con lo que se aprende a lidiar, perdiendo la batalla sin siquiera dar el primer zarpazo por ganarla. Pero la verdad es que la ansiedad es un fenómeno que, si le omitimos o no le damos la importancia que requiere, puede afectar nuestra vida a niveles insospechados. Recuerda en todo momento que el ser humano, lo admita o no, siempre querrá vivir una vida plena y feliz. Lo que sí está más que claro es que alcanzar estas metas con un virulento cuadro de ansiedad pululando en nuestro interior es una labor prácticamente imposible.

La buena noticia, en medio de todo, es que tu cuerpo y tu mente son aliados (o enemigos, dependerá siempre de tu actitud). Recientes estudios han llegado a la conclusión de que, aunque la ansiedad se presenta en un profundo segmento de nuestra mente subconsciente, puede manifestarse en pequeñas alteraciones de tu cuerpo. Alteraciones notorias que, si somos capaces de entenderlas e interpretarlas de forma adecuada, nos darán un cuadro bastante general de lo que sucede en nosotros. Increíble, ¿no lo crees? El cuerpo humano sigue siendo un espacio inexplorado en muchos sentidos y descubrimientos como este nos invita a tomar más en serio cada señal, por pequeña que parezca.

Estas son las 5 señales con las que tu cuerpo te indica que podrías estar padeciendo ansiedad a niveles más profundos de los esperados:

✓ Manifestaciones físicas: lo primero que abordaremos será lo que tu cuerpo te dice. Las manifestaciones físicas son mayormente ignoradas por considerarse parte de la vida misma. Un malestar sencillo nos lleva a pensar en la posibilidad de un resfriado, por lo que le descartamos prácticamente de forma inmediata. Ahora, ¿qué pasa cuando estas son señales de algo más profundo y complejo? ¿Quieres correr el riesgo de ignorar las señales de tu cuerpo? Taquicardias, palpitaciones, opresión en el pecho, mareos. Estas son algunas de las formas en las que nuestro cuerpo nos reclama atención. Conviene, pues, que si te encuentras en un momento difícil y has sentido alguna de estas molestias más de lo habitual, evalúes tu situación. Siempre existe la posibilidad de asistir con un especialista que te oriente en cómo manejar la ansiedad.

✓ Manifestaciones psicológicas: las manifestaciones psicológicas son más difíciles de ignorar porque realmente pueden afectar nuestra plenitud como individuos. Si sientes un mareo, lo asocias al cambio del clima, a que no desayunaste o a cualquier otra posible causa, y sigues con tus labores. Pero con las señales psicológicas es prácticamente imposible seguir adelante. Las más comunes son: inquietud permanente, sensación de peligro constante, miedo a perder el control, ganas de huir. A diferencia de las "señales físicas", con las manifestaciones psicológicas se quiebra, parcial o totalmente, nuestra funcionalidad. Nos afecta en el trabajo, en el seno familiar, en nuestras relaciones de pareja y hasta en labores cotidianas que no supondrían un esfuerzo adicional en condiciones normales.

✓ Constantes ataques de pánico: los sientes con o sin motivo; están a la orden del día y vives en zozobra ante la posibilidad de que aparezcan cuando más te podrán afectar. Es increíble pero los ataques de pánico pueden suceder en momentos y escenarios muy variados entre sí. A menudo se asocia la expresión ataque de pánico con una situación de encierro, pero quienes están sintiendo más ansiedad de la habitual padecen este tipo de ataques incluso en la comodidad de su hogar, estando solos o mientras se toman un café en algún bar. No hay una medida para calibrar qué escenario expone más a la persona a sentir estos malestares.

✓ Estrés constante: pero, vamos, que el estrés es tan común como respirar. Estás trabajando 10 horas en la oficina, sales a comprar las cosas del hogar, llegas a casa y quieres descansar pero surge algún imprevisto. O puede que tengas hijos y no hay descanso para ti en un par de horas más. Esto es común y corriente en el mundo moderno. Convivimos con el estrés en cada segundo del día. Pero, ¿cuándo el estrés deja de ser una reacción psíquica normal y se convierte en señal de algo más profundo? Cuando el estrés se manifiesta físicamente, bien sea a través de urticaria, de boca seca o de una jaqueca que parece no tener fin.

✓ Te irritas si te piden que te calmes: ¿a quién no le ha pasado? Sin embargo esta es una señal que debe ser interpretada de acuerdo a la actualidad más vigente de la persona. Puede que te hayas irritado simplemente porque se dirigieron a ti en un momento de mucha tensión, lo que no necesariamente implica un cuadro de ansiedad. Ahora bien, esto se mide con tu respuesta o reacción. Una persona que está estresada por algo en particular se molesta cuando le piden calma, pero no es una molestia que trascienda. Pero, si existe ansiedad, la reacción no solo puede tornarse ofensiva hasta lo inverosímil, el efecto va mucho más allá. Que te hayan pedido calma generará una emoción en ti que no se irá en un buen rato; es posible que llegada la noche sigas molesto/a por eso. En esos casos, es ansiedad.

Comportamientos irracionales en la relación, causados por la ansiedad

Ahora ya sabes lo que significa la ansiedad y cuáles son algunas de las muchas señales de tu cuerpo que te alertan sobre ella. Pero, ¿tienes alguna idea de cuál es el impacto de la ansiedad en la vida de una persona? ¿De qué manera este cuadro emocional podría afectar tu relación sentimental, tu trabajo, tu felicidad? Este es un tema muy complejo, que ha estado presente en las mesas de debate más importantes del mundo en los últimos años. Ya no se trata solo de un cuadro emocional momentáneo, que nos toca cuando vivimos una situación de estrés en lo inmediato.

Los expertos entienden que la ansiedad es un fenómeno complejo. Y, como tal, se han abocado a su estudio con gran determinación y entereza. Uno de los estudiosos que más nos ha enseñado sobre la ansiedad y la afectividad como conflictos del hombre moderno es Enrique Rojas. En su libro El amor inteligente nos deja una gran reflexión, que dará pie al tema central de este segmento:

> ¿No nos estaremos equivocando al educar solo la inteligencia para tener una actividad profesional bien remunerada, olvidando todo lo concerniente a la afectividad? Desde mi punto de vista, se trata de un serio error cuyas consecuencias negativas ya las estamos viendo. Es fácil para un psiquiatra contemplar el caso de un buen profesional que conoce a fondo su trabajo, con una correcta preparación en su especialidad,

pero que ignora lo básico del mundo sentimental. Una persona que no sabe casi nada, tanto en la teoría como en la práctica. Estamos ante *un hombre segmentado, incompleto, mal diseñado*, que solo está preparado para su trabajo, pero bastante incapacitado para los sentimientos.

Para nadie es un secreto que las relaciones son complejas, difíciles. Después de todo, estamos cohabitando con una persona que tiene sus propias subjetividades, especificidades, que varían de lo que nosotros somos como individuos. Es una dinámica que puede tornarse desafiante al tiempo que rica en el campo de lo emotivo. Estar enamorado es una de las experiencias más maravillosas que el ser humano puede experimentar. Pero, en las condiciones menos adecuadas, también puede surgir el apego emocional, uno de los peores escenarios posibles. Los celos, aquí, juegan un papel protagónico. A continuación te presento 5 formas en que la ansiedad afecta tu relación. 5 comportamientos irracionales que derrumbarán, más temprano que tarde, la edificación construida sobre las bases de un sentimiento compartido llamado amor.

✓ Te estás convirtiendo en un controlador: las personas muy celosas habitualmente ejercen tal presión sobre sus parejas, como un pequeño dictador en el universo de la intimidad. Mujeres y hombres celosos tienden a comportarse de forma controladora. Quieren saber todo lo concerniente a sus parejas, absolutamente todo. Las claves de sus redes sociales, sus movimientos a lo largo del día; quieren conocer a sus compañeros de trabajo, a sus nuevas amistades, a sus jefes. Cualquier movimiento nuevo en la vida social de la pareja es razón suficiente para que empiecen los reclamos, cuestionamientos y culpas. Si este es tu caso, es momento de evaluar tu situación personal al margen de lo que sucede con tu pareja. Con el tiempo, terminarás destruyendo lo creado en el marco de tu relación sentimental. No hay una persona sobre la faz de la tierra que se sienta bien, y cómoda, con actitudes controladores.

- ✓ Tu autoestima está por los suelos: ¿quién siente celos? Evidentemente, las personas que de alguna u otra manera tienen la sensación de que no son lo suficientemente buenas para tener a esa persona con quien hoy comparten lecho. Son pensamientos de los que no somos conscientes. Nadie dice "no soy suficiente para él/ella". ¿Por qué? Porque estos pensamientos se encuentran arraigados en la mente subconsciente, en el cerebro profundo. No lo exteriorizamos a través del lenguaje pero lo sentimos, sin saberlo, y hemos aceptado esto. Debes hacer todo lo necesario para mejorar tu autoestima, no solo porque así solventarás los problemas que los celos provocan en tu relación, sino porque con autoconfianza crecerás más allá de lo que puedes imaginar.

✓ No eres capaz de comunicarte asertivamente: otra característica habitual de un hombre o mujer celosos es la incapacidad para transmitir sentimientos de forma clara y concisa, libre de prejuicios, de culpas o de cuestionamientos. Muchas parejas fracasan al no encontrar un punto de equilibrio en la comunicación. Puede que suene a lugar común, a cliché, pero no hay posibilidad alguna de que una relación sentimental salga a flote si está rota la comunicación. Es hora de admitir, en primer lugar, que los acuerdos no siempre son posibles, y esto es totalmente normal. Somos personas diferentes, con condicionamientos y destrezas específicas, interiorizar esta realidad es el primer paso. El siguiente es soltar los miedos. Una relación de pareja es una fortaleza en la que podemos ser nosotros sin antifaces. No temas expresar tus ideas. Crea las condiciones para que la comunicación siempre sea posible.

✓ Se exacerban tus miedos: vivir atrapado en una celda de celos es vivir con la sensación perenne de miedo. Miedo, fundamentalmente, a perder a la otra persona. Tememos que nuestra vida no funcione igual en la ausencia de él o de ella. Es una característica asociable a la dependencia emocional. Si en este momento sientes que tu vida iría a peor sin la presencia de tu actual pareja, es el momento de mejorar tu diálogo interno. Visualízate sin él/ella… siendo feliz.

✓ Desarrollas problemas de salud: problemas que ya fueron mencionados en el segmento anterior. Arritmias, dolores musculares, jaquecas, opresión en el pecho, palpitaciones, sensaciones de peligro, ataques de pánico. Estas son solo algunas de las muchas manifestaciones de que los celos están tocando tu vitalidad. Es, pues, la consecuencia directa de vivir en la zozobra de lo que tu pareja está haciendo, o con quién. Los celos son emociones normales, innatas al ser humano, pero esta no es razón para cederles tu felicidad. Trabaja en ti, como primer paso.

Capítulo 2

Aprendiendo a comprender a tu pareja

El segundo capítulo de este libro comprende un tema que, en lo personal, siempre me ha resultado apasionante. Y es que cada pareja romántica es un pequeño universo dentro del universo que nos contiene como especie. De allí la importancia de darle a este tema un tono más conversacional que didáctico. Todos, en algún momento, hemos sufrido muchísimo en medio de una relación sentimental. Las razones varían, sobra decir, pero en líneas generales la mayoría de las malas noticias en el marco de una pareja se dan por la incomprensión. El no situarnos en los ojos, en los zapatos, en la piel del otro, es siempre un motivo suficiente que devendrá en futuros huracanes. Si lo que te interesa es salvar tu relación actual, te puedo garantizar que hallarás *oro* en las páginas que leerás a continuación.

Sin embargo, todo el contenido pensado y desarrollado a lo largo de estos subcapítulos va mucho más allá de la relación de pareja (que es un tema complejo, lo suficientemente vasto como para abarcarlo en un libro entero), sino sobre tu forma de entender el mundo, tu forma de interpretar la emocionalidad de las otras personas y las tuyas. De manera que, si quieres ser una mejor persona en lo concerniente a la comprensión y la empatía, aunque tu relación actual no se encuentre en riesgo alguno, eres otro de los sujetos a los que les conviene sobremanera leer este capítulo.

En relación a su estructura, el primer tópico a tratar será La comprensión mutua en un mundo cada vez menos comprensivo, donde te ofrezco algunas reflexiones personales sobre la sociedad actual y de qué manera esta ha determinado nuestras relaciones sentimentales. Posteriormente, las 5 ventajas más fundamentales por las que vale la pena comprender a tu pareja incluso si esto te parece imposible. La médula espinal de este capítulo es su último segmento: 12 formas de ser más comprensivo con tu pareja. No solo te enseñaré 12 tácticas y cosas que personalmente me han sido de gran ayuda, también te daré algunas pautas transversales para que las lleves a la práctica de forma sencilla, práctica y eficiente.

La comprensión mutua en un mundo cada vez menos comprensivo

La psicología social y algunos sectores de la antropología han estudiado a fondo el efecto que el entorno genera en la individualidad de las personas. Esto significa, en palabras más sencillas, ¿qué tanto influye en tu forma de actuar lo que sucede a tu alrededor? Si bien es cierto que todavía no existen estudios conclusivos sobre este tema, también lo es que la evidencia recolectada a la fecha (en infinidad de experimentos sociales, por ejemplo) sugiere que el ser humano siempre termina adecuándose al entorno. Adaptándose a sus formas de actuar, al lenguaje, a los códigos narrativos predominantes en la sociedad. La razón para este comportamiento se encuentra, presumiblemente, en nuestra biología evolutiva más básica y prosaica.

Sin embargo, aunque sobre ti pesen más de 3.8 millones de años de constante éxito evolutivo, también dispones de la herramienta más compleja y potente de todas cuantas se conocen en la humanidad. Porque, ¿qué sería del mundo, hoy, sin la inmensa capacidad de la mente humana? No existirían monumentos arquitectónicos, la especie humana habría perecido en momentos tan complejos y difíciles como las pandemias globales que han asolado a la humanidad desde tiempos inmemoriales. Sin el aporte de la mente humana no existiría ni la rueda ni la revolución, ni las teorías económicas más complejas ni las ecuaciones físicas más enrevesadas que hoy se dominan al dedil. La mente humana puede ser reprogramada como cualquier otro ordenador, pese a su indiscutible capacidad.

En este sentido, la psicología social juega un papel determinante. Es menester, pues, que hagas un ejercicio de autoevaluación basado en la honestidad más transparente que seas capaz. Conforme más sincero seas, mejores son las probabilidades de que encuentres la raíz del problema. Empieza con la siguiente pregunta: ¿realmente comprendo a mi pareja?, aunque se trate de una interrogante sencilla, sin mayores complejidades, contiene un trasfondo medular. La comprensión no es un atributo protagónico en la sociedad actual. ¿La razón? Existen muchas posibles explicaciones a esto. La competitividad, los efectos de la globalización en las exigencias profesionales, entre muchos otros factores.

Si en realidad quieres vivir una vida sentimental plena y feliz, la comprensión es el único camino. Una relación de pareja se edifica sobre una narrativa en común, una cosmovisión compartida entre dos personas diametralmente opuestas entre sí. Si hoy sientes que tu relación no avanza en la dirección que quieres, que la comprensión escasea en todas las direcciones posibles, presta especial atención a lo que sucede en tu entorno. Es posible que la dinámica social de los tiempos que corren haya cambiado tu forma de relacionarte con esa persona a la que amas. En ese caso, aunque no seas el culpable directo, sí tienes la responsabilidad de tomar acciones concretas para que tu relación retome el sendero que tuvo al principio. Reforzar la comprensión, pues, es el camino, la única solución.

5 ventajas por las que la vale la pena luchar por una relación sentimental funcional

¿A qué me refiero con una relación sentimental funcional? Palabra sencilla que encuentra en sí mismo la respuesta: una relación que funcione. En resumidas cuentas, que más allá de las diferencias entre ambos, exista una visión en conjunto acerca del destino, del camino por recorrer. Para nadie es un secreto que, al principio, todas las relaciones están llenas de dicha, de alegría. La pasión impregna las paredes, contagia a quienes se encuentran cerca. Lamentablemente, estas emociones tan potentes tienen un desgaste natural. Esto no quiere decir, de ninguna manera, que todas las relaciones estén condenadas al fracaso. Pero, como escribiría Gabriel García Márquez, ese increíble escritor colombiano ganador del Premio Nobel de Literatura, la pasión envejece.

La desconexión emocional entre dos individuos es algo a lo que nos enfrentamos más temprano que tarde. Toda persona que *sienta*, está ineludiblemente atada a una experiencia en la que sienta que la conexión con quien ama se pierde por completo. En lo sucesivo, habrá sufrimiento y lágrimas y, sobre todo, muchas canciones románticas… ¡Muchas, que te lo digo yo! Sé que lo siguiente te parecerá una obviedad, pero siento la necesidad de aclarar. Si aún tienes dudas sobre por qué vale la pena luchar por una relación romántica funcional, que se sostenga de la comprensión incluso en los peores momentos, a continuación te dejo 5 de las ventajas más importantes de una relación *óptima*. ¿Estás preparado/a?

1. ¡Dile adiós al estrés!: no hay espacio para las emociones negativas cuando tu relación sentimental se encuentra en su punto más

alto. Pero, para alcanzar esa cumbre es fundamental que trabajes en tu actitud frente a quien hoy es tu pareja. La comprensión, indiscutiblemente, es la clave. ¿Por qué nos abocamos a ignorar lo que siente la persona amada bajo el argumento de que nosotros no nos sentimos de la misma manera? Entender, en principio, que son dos universos diametralmente opuestos que han coincidido en un sentimiento. De eso se trata.

De acuerdo a un estudio llevado a cabo en la Universidad de Chicago, se llegó a la conclusión de aquellas personas que no tienen una pareja sentimental son mucho más sensibles a las situaciones de estrés que aquellos que conviven en una relación sólida, plena y funcional. La dinámica del experimento se basó en una muestra de 500 estudiantes. El indicador más representativo fue la concentración de cortisol. Según palabras de uno de los psicólogos encargados del estudio: "el matrimonio tiene un efecto moderador sobre la respuesta de cortisol al estrés".

2. Blinda tu corazón: aquí no nos referimos en sentido figurado. Las relaciones románticas funcionales, basadas en la comprensión, tienen un impacto significativo en la salud de tu corazón. Que no, no es en broma. Aunque lo parezca, se ha demostrado a través de cientos de estudios que la sensación de estar enamorados (y de ser felices en una relación) favorece el aumento en los niveles de dopamina, norepirefrina y oxitocina. La última, la oxitocina, es la hormona del amor. Sí, así como lo lees. Según muchos expertos, esta es la hormona encargada de que exista el amor. Está claro que sus funciones van mucho más allá. Por ejemplo, cuando reconocemos un rostro familiar segregamos más oxitocina También cuando senti-

mos que estamos en un entorno de confianza.

La cultura popular se ha encargado de extender la idea del corazón como órgano principal y asociado a la idea del amor. Y aunque esto es algo reduccionista (y, por supuesto, una idea que ha calado profundamente en el imaginario colectivo), existe un vínculo palpable entre el amor y el corazón. Si quieres un corazón saludable, pleno y feliz, no lo dudes más y prepara el terreno para vivir una relación desde la confianza, la comprensión y el amor como ejes constructores del éxito.

3. Se fortalece tu autoconfianza: Pero, a ver, es que tiene todo el sentido del mundo. Si te sientes amado, tu autoconfianza se revitaliza cada segundo. Aunque nunca he creído en las pócimas mágicas, sí es cierto que existe una relación más que directa (y comprobada por la ciencia y demás expertos en el tema) entre

el amor correspondido y la autopercepción. Si estás enamorado, y tu amor es correspondido, caminas por las nubes sin que importen los comentarios necios y prejuiciosos de otras personas. En primer lugar, porque solo te interesa lo que piense esa persona de quien estás enamorado; en segundo lugar, porque no permitirás que comentarios anodinos arruinen tu felicidad, ¿o sí?

Si luchas por tu relación, comprendiendo a tu pareja, encontrarás razones suficientes para creer en ti. Si bien es cierto que la autoconfianza debe funcionar con o sin alguien más, tener a alguien que nos quiere frente a cualquier adversidad es un plus que no incomoda ni molesta. Esto sucede en ambas direcciones. Créeme, si comprendes y amas a fuego vivo a quien hoy te acompaña, le estás ayudando a enfrentar las dificultades del mundo con la fuerza de tu amor. Puede parecerte una cursilería, pero también es una verdad que no está sujeta a interpretaciones. Una realidad objetiva y concisa, que todos hemos sentido alguna vez.

4. Visión más allá de lo inmediato: una de las características más notorias de una relación funcional es que ambas partes tienen planes concretos que van mucho más allá del presente, de lo inmediato. Es necesario (vital es una palabra que me resulta mucho más adecuada para ilustrar este punto) que tanto tú como tu pareja entiendan la relación como algo que se sostendrá en el tiempo. Sobre este punto, ya conocen sus propias debilidades y las de la otra persona. Saben sus fortalezas, sus debilidades, sus miedos, inseguridades y certezas. El conocimiento del otro es clave para saber que caminamos sobre un terreno sólido que soportará las dificultades del camino.

Ahora bien, ¿a qué me refiero con mirar más allá de lo inmediato? A los planes a futuro, evidentemente. Es verdad que cuando estamos enamorados, sobre todo en esos primeros meses de relación, todo es color de rosa, todo parece perfecto. Sin embargo, con la madurez de la relación es cuando nos permitimos conocer las otras tonalidades presentes en la otra persona. La idea de una relación es que trascienda los imperfectos, pero tampoco es una obligación innegociable. En todo caso, si crees que tu relación está en ese punto de madurez en que conviven diariamente con las cosas buenas y las no tan buenas de cada uno, plantéense con total honestidad la interrogante del millón: ¿nos vemos creciendo juntos, experimentando las etapas siguientes? Si la respuesta es sí, entonces vale la pena luchar, ¿no lo crees?

5. Te describe como una persona tolerante: haz el ejercicio contigo

mismo en relación a los demás. Quiero que por un momento pienses en ese amigo o ser querido que ha tenido una prolongada y feliz relación por mucho tiempo. Pero no pienses desde tu experiencia; desentiéndete de esos condicionamientos porque lo que menos quiero es que entres en el juego de las comparaciones. Solo limítate a recordar los momentos vividos en compañía de ese amigo o familiar. Seguramente encontrarás algunas memorias interesantes, ¿no? Una vez que tengas estas en mente, ¿cuál es la primera pregunta que llega a ti? Estoy seguro de que es algo como "¿Cuál será el secreto de su relación?", "¿Cómo han logrado ser tan felices por tanto tiempo?". ¿Acerté?

Esto sucede porque reaccionamos desde la admiración más sólida. Automáticamente damos por hecho que ha sido una relación sin altibajos, plena de principio a fin. Y, debido a este pensamiento, damos por sentado que ellos tienen atributos que nosotros no, una receta secreta. Inconscientemente le damos mérito por haber conseguido lo que nosotros estamos buscando. Esto sucede cuando tenemos una relación plena y feliz. Los demás, quienes nos observan desde *afuera*, nos aprecian como personas tolerantes, empáticas, que han sabido sacrificar para obtener la victoria de una relación sentimental estable y muy amena.

12 formas para que consigas ser más comprensivo con tu pareja

¿Cuál es la situación actual en tu vida sentimental? ¿Sientes que hace falta reforzar la comprensión? Si este es tu caso, te invito a que continúes leyendo. A continuación te enseñaré algunos trucos y herramientas que te serán de gran ayuda para comprender mejor a tu pareja, partiendo de que la comprensión es un elemento fundamental en cualquier relación saludable. Si sigues al pie de la letra estas recomendaciones, te garantizo que encontrarás nuevas y mejores formas de reforzar la comprensión como una de tus competencias vitales. En consecuencia, mejorarás en todo lo concerniente a tu relación de pareja.

No impongas tus creencias

Los expertos en programación neurolingüística llaman "mapa personal" a la forma en que interpretamos lo que sucede a nuestro alrededor, partiendo del sistema representacional predominante en nosotros. También es definida como el conjunto de creencias e ideales que componen nuestra personalidad (condicionamientos, inseguridades, miedos, creencias, certezas, entre otros factores igual de relevantes que dan forma a tu individualidad). En este sentido, una de las recomendaciones extendidas para comprender más a tu pareja pasa por no imponerle tu mapa. Entender, pues, que él o ella tiene sus propias ideas es derribar el grueso muro del prejuicio. ¿Por qué a las personas les cuesta tanto aceptar lo que otros opinan?

La razón principal es que alimentamos una certeza absoluta de que solo existe una verdad, la nuestra. En este sentido, le restamos importancia a lo que dicen o creen quienes nos rodean, incluyendo a nuestra pareja sentimental. Es un error muy común pero fácil de reconocer en cualquier interacción dentro de la intimidad más inmediata. En la medida en que impones tus creencias, se debilita la confianza mutua. Además de ser razón habitual de discusiones que bien pudieron evitarse con una pequeña dosis de comprensión. Aprende a identificar que tu pareja ha vivido experiencias distintas a la tuya, esto ha creado en él o ella inseguridades, cuestionamientos, ideas y expectativas que nunca coincidirán con la tuya.

Invita a tu pareja a ser más abierta.

Es bien sabido que una relación caracterizada por su "apertura al otro" es una relación que ha construido fuertes nexos desde el punto de vista comunicativo. Si tenemos en cuenta que los códigos mediante los cuales nos comunicamos con los demás constituyen un alto porcentaje de éxito en cualquier interacción, ¿por qué no trabajar esto en el contexto de nuestra relación de pareja? Toma la iniciativa, aunque no estés acostumbrado a ello. Invita a tu pareja a ser más abierta en todos esos temas que, en condiciones regulares, no se tocarían. Por ejemplo, he sabido de personas que evitaban a toda costa entrar en temas como la religión o la política. En líneas generales, conforman una relación saludable pero no desde un punto de vista profundo.

¿Por qué estas personas evitaban hablar de religión o política? Porque interiorizaron los desacuerdos de mala manera. Creían que, al evitarlos, no discutirían. En cierto punto esto tiene sentido, pero no es efectivo en el ámbito de la intimidad, mucho menos práctico para aquellos que buscan consolidar lazos de comprensión y amabilidad mutuos. Mi recomendación, en este sentido, es que permitas apertura. Si usualmente no conversan sobre determinado tema, por la razón que fuere, este es el momento para hacerlo. Ten en cuenta que si ambos son abiertos con el otro, encontrarán soluciones y respuestas para cualquier dilema del día a día.

Tómate tu tiempo para conocer a tu pareja

No te lo voy a negar; conocer a alguien siempre es un desafío que puede asustarnos. Y es que conocer al otro es algo que va mucho más allá del contexto romántico. Crear conexiones sociales, relaciones interpersonales saludables, requiere y exige que centremos nuestra atención en entender todo lo que ocurre en las demás personas. Ahora bien, ¿de qué manera se traslada esta necesidad al ámbito de las relaciones amorosas? Sobre todo en la etapa de convivencia diaria, pasar mucho tiempo con nuestra pareja puede traer verdaderos problemas para aquellos que no demuestran un interés activo en el otro. Es tan común como preocupante, pero siempre es posible revertir este tipo de situaciones.

Ahora bien, ¿qué significa conocer a tu pareja? No te enfrasques en las preocupaciones profesionales si estas te llevan a descuidar lo que pasa por la cabeza de esa persona a la que amas. Es absolutamente comprensible que el mundo, con sus exigencias, termina muchas veces por arrinconarnos en una especie de sedentarismo emocional. Sin embargo, si realmente estás interesado en fortalecer la comprensión en tu relación, es fundamental que inviertas tiempo para reconectarte con tu pareja. Esto implica interesarte de forma genuina por su pasado, por lo que le gusta o disgusta. Lo que sucede, en la mayoría de los casos, es que damos por entendido que conocemos a quienes amamos. Evita dar las cosas por entendidas, por hechas. Mantener una relación feliz es un compromiso constante, que no desfallece. Siempre hay cosas nuevas por aprender de tu pareja. ¿Por qué? Porque la vida nos enfrenta día tras día a nuevos desafíos y responsabilidades. Hacerlo no es en absoluto difícil, solo tienes que enfocarte y hacer las preguntas correctas. No se trata de saturar a la persona con interrogantes sino de mostrar un interés totalmente natural, genuino. En la medida en que te intereses por tu pareja, conseguirás la manera de hacer las mejores preguntas.

Respeta la vida social de tu pareja

La situación emocional de una persona conserva un estrecho vínculo con sus necesidades como ser social. Esto es algo que nos genera mucha confusión cuando carecemos de la experiencia y de los conocimientos necesarios, añadiendo, claro, cierto ensimismamiento por nuestra parte. Por ejemplo, ¿quién no se ha sentido confundido cuando nuestra pareja nos trata de forma seca, como lejana? Lo primero que llega a nuestra cabeza, sin duda, es que hemos cometido un error y estamos pagando las consecuencias con su indiferencia. Pero, ¿y si no es así? ¿Por qué necesariamente su cambio emocional o de actitud está relacionado con nosotros? La verdad es que existe la posibilidad de que su cambio esté más asociado a algún acontecimiento de su vida social. Esa vida social que sucede cuando nosotros no estamos cerca. Es decir, con amigos, con compañeros de trabajo e incluso en el seno laboral.

Según José Morfa Díaz, en su libro Prevención de los conflictos de pareja:

> Las relaciones con los demás nos proporcionan la fuente primaria de experiencia emocional en el ser humano. Pa-

rece que el proceso evolutivo nos ha dotado con la capacidad innata para y la necesidad de, apego con otros significativos. Esto resulta en un sentimiento de seguridad cuando estamos cerca del cuidador a quien vemos como responsable de nosotros y, ansiedad y agresividad cuando nos separamos sin desearlo de ellos.

Lo que intento decirte con esto es que dejes el paso libre para que tu pareja acuda normalmente a su "fuente primaria de experiencia emocional", encontrada en sus necesidades sociales. Deja que ella o él salga con sus amigos, que disfrute de tiempo de calidad con sus otros seres queridos. No seas un obstáculo en su vida social. No seas ese tipo de pareja que, por inseguridad o control total, quiere estar presente en todos los momentos de su novio o novia. Este es un error de base que termina por fracturar la seguridad y la comunicación.

Comprende las cosas que motivan a tu pareja

Te pido, con el corazón en las manos, que no te conviertas en ese tipo de persona que aprovecha cualquier error de su pareja para consolidar tu idea. No cometas este error porque es un claro indicador de inmadurez emocional. Si de algo estoy seguro (y así lo expresan figuras de mayor autoridad en el campo de la psicología social y las relaciones de pareja) es que los malos momentos son los mejores para robustecer tu compromiso para con esa persona a la que amas. Comprométete con la comprensión como médula espinal de tu relación. Especialmente cuando tu pareja comete algún error, cuando toma una decisión equivocada. Esto es un verdadero desafío, principalmente si su error te hace sentir mal, pero es una necesidad propia de la dinámica que existe en las personas que se aman.

¿Cómo hacerlo? No hay fórmulas perfectas, querido amigo, pero sí algunas expresiones de madurez que deberás trasladar a la realidad material. Escucha, con mucha atención, sus argumentos. Es posible que el error cometido haya tenido una base que la justificase. Y no te hablo de traición o de infidelidades. Me refiero a acciones que nacen desde la mente subconsciente y que, en muchos casos, no estamos preparados para evitar. Lo más importante, pues, es que mantengan una comunicación lo suficientemente abierta como para que las expresiones de compasión tengan su espacio y su lugar. Esto implica entender qué le motivó a hacer lo que hizo, qué buscaba lograr. Esta información, aunque no lo creas, te dará algunos indicios muy claros del porqué de su comportamiento o acción.

La bondad, no la ira

Una de las reflexiones más interesantes sobre *lo valioso de quien ama* proviene del libro Ciclo vital de la pareja y la familia, del escritor Ernesto Rage. ¿Qué nos dijo este portentoso intelectual sobre el ser que ama?

> Cuando la persona es libre y dueña de sus afectos, racionalmente ejerce el amor como un afecto activo. El amor exige trabajar, crear y dar. Todos tenemos conciencia de que el amor es por sí mismo fecundo y se conoce por sus frutos. Con esto da cada vez más de sí misma y sociológicamente produce más. Por esta razón, para la persona madura, dar produce más satisfacción que recibir. La mayor prueba de su potencia psicológica se obtiene dando. La persona madura da de sí mismo lo más valioso que tiene: su propia vida, de su alegría, de su interés, de su comprensión, de su conocimiento, de su humor, de su tristeza, de todas las experiencias y manifestaciones, de lo que está vivo en ella. Al dar de sí, de su vida, enriquece a otras personas. Realza el sentimiento de vida de la otra al exaltar el suyo propio.

Increíble, ¿no te parece? Lo valioso que hay en ti es lo que fecunda buenas emociones, lo que produce un efecto positivo en la otra persona. A menudo nos encontramos en disyuntivas amorosas en las que nos dejamos gobernar por la emocionalidad negativa. ¿El resultado? Somos hirientes, peyorativos, groseros. Esto sucede porque carecemos de la inteligencia emocional necesaria para actuar aún conscientes de estas emociones. Si bien es cierto que lo ideal es que no tengamos razones para escoger entre la bondad o la ira, la realidad objetiva no es ideal, y en una relación de pareja se enfrentan y complementan dos universos totalmente distintos. Es evidente que en algún punto habrá choques. Pero, cuando eso pase, no te dejes llevar por la ira. No ganarías nada con ello. Elige siempre la bondad, ofrece tu corazón, tu comprensión, y riega las raíces para que crezca la plenitud y la felicidad.

Sé consciente de tus propios sentimientos

Iniciando...

Permite que tu pareja dé su explicación antes de reaccionar

No cometas el error de ceder el control de tus palabras y acciones a las emociones. No en vano ha calado tan hondo el concepto de la inteligencia emocional en todos los ámbitos de la sociedad. Expertos en reclutamiento y selección, psicólogos, oradores, empresarios. Todos los profesionales que tienen a su merced el peso de los resultados esperan que sus colaboradores tengan esta competencia. ¿La razón? Que somos emocionales; el ser humano, a diferencia de otras especies animales, tiene la capacidad de sentir emociones. De manera que enfrentarnos a las vicisitudes del día nos genera una carga emocional significativa.

Si careces e inteligencia emocional, reaccionarás desde las vísceras, desconociendo que estás siendo víctimas de las emociones vividas en el momento. Si tu pareja te mintió, por ejemplo, no le atices sobre el error, no aproveches la circunstancia para posicionarte como el más sincero de la relación. Este es un error de base que debes evitar. Lo que te recomiendo es que le permitas explicar el por qué hizo eso. Es posible que la razón tenga todo el sentido del mundo. Si, por el contrario, le impides dar su argumento, enfrascándote en tu dolor, terminarás profundizando la herida, contribuyendo con tu actitud a un distanciamiento físico y emocional.

Ayuda a tu pareja a aprender de los errores cometidos

Quienes cometen errores, mayormente son conscientes de sus equivocaciones. Otros, sin embargo, actúan desde la inocencia. Tú, como ser humano maduro, tienes la responsabilidad de orientar a tu pareja para que esta no repita los mismos errores en el futuro. Los mayores expertos en superación personal coinciden en que los errores son inevitables (nadie es perfecto, tenlo en mente); lo que diferencia a un individuo maduro de uno inmaduro es la reacción inmediata frente al error. En este sentido, y partiendo del hecho de que todos queremos que nuestras parejas se sientan bien consigo mismas, ¿por qué no tender tu mano? Aunque no lo creas, aprendemos más en los errores que en los aciertos.

Ten en cuenta siempre que una pareja es un microcosmos conformado por dos individuos. Si tú estás pasando por un mal momento, atravesando una retahíla de malas decisiones, querrás que el amor de tu vida tienda su mano y te ofrezca la comprensión que necesitas para aprender del error. Esto sucede en ambos sentidos. Siéntate con esa persona, conversen, establezcan puntos comunes, ¿cuál fue el error? ¿Por qué se dio? En la medida en que robustezcan la comunicación en aras del crecimiento mutuo, crearás las condiciones idóneas para una relación de pareja funcional y, sobre todo, feliz.

Aprende a comprometerte de verdad

Estoy seguro de que quieres un compañero comprensivo, que aprecie tus comentarios, tus ideas, tus expectativas, para así trabajar juntos en el camino hacia la consecución de los objetivos. Puedes elegir estar de acuerdo o en desacuerdo, después de todo somos personas distintas, ¿no? Pero el compromiso va mucho más allá de coincidir en opiniones políticas o en el color que utilizarán para pintar la habitación. El compromiso está relacionado con entender que tu pareja no es el enemigo; que si existen los desacuerdos (y los habrá), pueden llegar a un acuerdo sin necesidad de despreciar lo que el otro tiene para aportar.

Comprometerte con la plenitud de tu relación tiene mucho que ver con deshacerte del ego y pensar desde el bien común. En este sentido, todas las herramientas son válidas siempre y cuando se ejecuten bajo un marco de respeto y amor.

Recuerda que nadie tiene la razón todo el tiempo

Este es un tema que me resulta especialmente interesante. Y es que, si es bien sabido que el ser humano es un animal imperfecto, que comete tantos errores como aciertos en el trayecto de una vida, ¿por qué hemos interiorizado que nuestra verdad es la única que cuenta? Es tiempo de empezar una mentalidad mucho más amplia; es tiempo de comprender que no siempre tenemos la razón. ¿De dónde hemos sacado eso? Esta forma de ensimismamiento/egocentrismo está acabando con cientos de relaciones cada nuevo día. Sí, querido amigo, con cada nuevo amanecer cientos de parejas se dicen adiós por "desavenencias irreversibles".

Mi recomendación es que aceptes e interiorices esta verdad: nadie tiene la razón todo el tiempo. En el transcurso de una vida son más las ocasiones en las que nos equivocamos que en aquellas en las que acertamos de pleno con nuestros comentarios, pensamientos e ideas. El error está en nuestra naturaleza como individuos imperfectos. No tiene ningún sentido arruinar algo tan hermoso como una relación sentimental por la (a priori equivocada) idea de que el otro se dice tonterías y nosotros verdades. Evalúa cada palabra de quienes te hablan con toda la objetividad del caso. Este es un consejo que puede extrapolarse a cualquier relación interpersonal, pero sus efectos son más profundos en la relación de pareja porque se rompe la confianza y, en algunos casos, entramos en el campo del desprecio por la opinión de quien nos acompaña. ¡Ten mucho cuidado con esta forma de egocentrismo tan dañina!

Permite que tu pareja tenga una vida fuera de la relación

Para entender por qué esta recomendación es tan importante, piensa en ti mismo. ¿Cómo te sentirías si tu novio/a te exige que estés siempre a su lado, acompañándole a cualquier lugar en detrimento de tu propia vida? Todos hemos sentido esto en algún punto de nuestras vidas. Es una especie de asfixia emocional que deviene, casi siempre, en apego. El apego emocional, ese enemigo tan mortal, es una de las cosas que más debemos evitar en una relación de pareja. Para ello, creo fundamental que tanto tú como tu pareja se permitan una vida fuera de la relación. Desarrollen relaciones de amistad fuera del hogar; salgan de vez en cuando a probar las mieles de una buena conversación entre amigos. Con ello lograrán romper con ese pensamiento interiorizado de que solo *pueden ser* en presencia del otro.

Capítulo 3

Posibles causas de la ansiedad en las relaciones

Ya sabes que la ansiedad es un problema que más temprano que tarde aparece en nuestras vidas. Dependerá única y exclusivamente de ti darle la fuerza para que su presencia tenga un efecto negativo e irreversible en tu relación. El capítulo que estás por leer tiene como finalidad, desde luego, entender algunas de las posibles causas de la ansiedad en las relaciones. ¿Por qué se presentan? ¿De qué manera podemos evitarla? ¿Cuál es el efecto inobjetable de la ansiedad en tu salud mental y equilibrio emocional? Estas son algunas de las preguntas que responderé en las siguientes páginas, utilizando, como siempre, un lenguaje claro y didáctico para facilitar tu comprensión del tema.

El hecho de que estés leyendo estas palabras es un indicativo de que tu relación puede no estar atravesando su mejor momento. Antes de empezar el capítulo, quiero darte una noticia que aumentará tu interés en este tema: la ansiedad es totalmente reversible. Se trata de un estadio emocional particular, es cierto, que en ocasiones puede tornarse complejo y devenir en otras patologías. Pero en la mayoría de los casos, sobra decir, es perfectamente tratable. Lo único que necesitarás, para ello, es determinación y la honestidad suficiente para identificar que la ansiedad empieza a socavar los cimientos de tu relación.

Este es un capítulo sobre la identificación. Piensa, por ejemplo, en un individuo que constantemente tiene dificultades para llegar a fin de mes. Sin importar cuánto se esfuerce, al término del mes apenas y se mantiene solvente, incluso sacrificando el pago de algunas deudas adjudicadas. Este sujeto tiene un serio problema de planificación financiera, para nosotros es evidente. Pero, ¿podemos hacer algo para ayudarle? La verdad es que no. Solo él, al evaluarse, tiene la posibilidad de mejorar sus condiciones de vida. De manera que, extrapolando el escenario, si sientes que la ansiedad está destruyendo tu relación, el primer paso para aplicar correctivos es identificar las posibles causas. De ello te hablaré en las siguientes páginas. Espero, pues, que leas con atención y saques todo el provecho posible.

Antes de empezar, te invito a que leas esta increíble observación de Joan Garriga en su libro *El buen amor en la pareja:*

> Cuando hemos hecho daño, lo que nos ayuda es sentir y llevar la culpa y reparar lo que se pueda, si se puede. «Ante lo hecho, pecho», se suele decir, y es

cierto: hay que albergar en nuestro pecho los sentimientos y consecuencias de lo que hicimos, en lugar de esconder la cabeza bajo la arena. Aquella mujer pudo, poco a poco, ir mirando su culpa y aceptarla. Y decir: «Sí, estoy de acuerdo, te llevo conmigo y te asumo». Y mirar a los niños abortados y decirles: «Os veo, y os sacrifiqué porque quise, en beneficio mío, y os agradezco y os reconozco y os doy un lugar en mi corazón». Son frases muy rotundas, lo sé, pero la realidad es que uno hace la mayoría de las cosas porque lo elige, aunque no escaseen los argumentos que lo apoyan, pero a la vez tiene que enfrentarse al hecho de que hizo una elección. Aquella mujer pudo finalmente asumir con mucho dolor su culpa y sobrellevarla, y eso le hizo bien, pues las culpas que no asumimos nos debilitan y nos alejan de nuestro centro. Por otro lado, poco a poco empezó a predominar en ella un sentimiento de amor hacia los hijos abortados y hacia ella misma.

La importancia de la comuni-cación en el tratamiento de la ansiedad

Ya hablamos un poco sobre este tema en el primer capítulo, tipificando algunas conductas irracionales bien presentes en las relaciones donde la ansiedad empieza a derruir la estructura sentimental. ¿Qué sucede en nosotros cuando nos sentimos ansiosos? ¿Por qué se da este estadio emocional si, en teoría, somos personas plenas y con los recursos para sentirnos de otra manera? La verdad es que no existe una respuesta concreta a esta pregunta. Lo que sí sobran son acercamientos y especulaciones al respecto. Quienes padecen ansiedad, a menudo no son conscientes de ella. Optan por respuestas sencillas, palpables, que expliquen el conjunto de síntomas cada vez más presentes.

Existe toda una gama de reduccionismos que nos sirven para "darle forma" a lo que sentimos en lo concerniente a la ansiedad. Tú mismo, en alguna oportunidad, has enarbolado respuestas quizá demasiado simples para convencerte de que no pasa nada especialmente complejo. ¿Por qué hacemos esto? El ser humano, como ser emocional, rehúye de cualquier aspecto que pueda generarle dolor, dudas. Por biología evolutiva, estamos habituados a evadir todos los caminos que pongan en riesgo nuestra vida. O, en este caso, nuestro equilibrio emocional. De manera que optamos por la definición/identificación más sencilla que encontremos, aquella que no nos exija profundizar más allá. "Quizás me siento muy estresado por el trabajo, ya se me pasará". "Es un bajón de rato, nada por lo que valga la pena preocuparme". "Quizás estoy nostálgico, nada más". Respuestas parecidas abundan en quienes se encuentran en negación, quienes evitan a toda costa darle nombre concreto a lo que sienten.

La comunicación, que sabemos es milagrosa, aquí vuelve a ser una clave de gran relevancia para superar cualquier cuadro de ansiedad. Pero, antes que la comunicación, es imprescindible que te llenes de coraje y aceptes tu realidad tal como se te presenta. Si tu rendimiento académico ha bajado considerablemente, si no estás dando la talla en el trabajo, si te sientes socialmente aislado, si tu vida sexual empieza a perder importancia en tu vida… ¡es el momento de actuar! Estos son indicadores muy precisos de ansiedad. Más adelante, en el segmento 5 signos o manifestaciones de la ansiedad, te explicaré la sintomatología clásica que se presenta en alguien atrapado en esta cárcel emocional.

Ahora te preguntas cuál es la relación entre la comunicación y la ansiedad, ¿de qué manera nuestros códigos comunicativos en pareja pueden ayudarnos a superarla? Como te he dicho a lo largo de los primeros capítulos, no es una fórmula exacta, un A+B=C. Pero si algo ha quedado claro a lo largo de la historia, y de los miles de estudios e investigaciones llevados a cabo por las casas de estudio más prestigiosas del planeta, es que la comunicación tiene una cantidad insondable de efectos positivos en nosotros. Pero, así como la comunicación puede afectarnos positivamente, su carencia también tiene peso negativo en lo que somos, en el resultado de nuestras acciones.

Estas son 5 consecuencias *positivas* que una comunicación efectiva (en pareja) tendrá en ti si sientes que pierdes la batalla contra la ansiedad.

1. Evitarás malos entendidos: ¿qué malentendidos evitarás con la comunicación efectiva? Muchos. Tú mismo, al notar cambios actitudinales en tu pareja, empezarás a cuestionarte un sinfín de cosas. Puedes incluso pensar que tienes algo que ver en sus cambios, en sus conductas, cuando

en realidad la ansiedad puede tener su origen en cuestiones relacionadas al trabajo, a preocupaciones familiares o de cualquier índole. Si te sientes ansioso, infeliz por algunas preocupaciones, no temas conversarlo abierta y sinceramente con tu pareja. Si tus preocupaciones son laborales, dilo. Así le dejas claro que ella o él no tienen nada que ver, y pueden alcanzar acuerdos mutuos lejos de las culpas y los juicios erróneos.

2. Se fortalecerá la conexión con tu pareja al sentirte protegido/a: desahogarnos sin miedo a ser juzgados es una sensación increíble. De mi núcleo social más inmediato, hay tres personas a las que acudo cuando siento que las preocupaciones me ganan la batalla. La comunicación con estos tres amigos es transparente, y se rige por códigos de empatía y comprensión. Ninguno de ellos me juzga, ni involucran sus pro-

pias creencias en mí. Se limitan a escuchar, ofreciendo alternativas cuando la conversación así lo requiere. Es transformador tener una comunicación así con nuestras parejas, que representan el punto más alto de la intimidad. Deshazte de ese ridículo miedo a parecer frágil… ¡todos lo somos! Piensa en la ventaja inmediata de haberte comunicado con él/ella: se fortalecerá le conexión entre ambos.

3. Evitarás discusiones innecesarias: es sencillo, y está relacionado con la primera ventaja; en la medida en que evites malos entendidos, las probabilidades de tener una discusión absurda se reducen al mínimo. Este equilibrio, esta paz es fundamental para construir un escenario donde impere la tranquilidad emocional, la comprensión y el amor.

4. Facilita la convivencia: la convivencia es, no tengo dudas, uno de los desafíos más complejos a

los que se enfrenta una pareja sentimental. He conocido a parejas que parecían perfectas, pero que llegada la convivencia descubrieron una incompatibilidad irresoluble. En este sentido, la comunicación efectiva te ayudará a lidiar más fácilmente con los defectos inesperados de la otra persona. Tú también tienes defectos, todos los tenemos. Pero, cuando las conversaciones son transparentes y tienen códigos de respeto y comprensión, sabrán encontrar el punto de equilibrio para que estas diferencias no afecten la relación más allá de lo esperado.

5. Fortalece la empatía: si emites tu opinión de forma sincera y transparente, con absoluta honestidad, tu pareja entenderá tu punto de vista. Es posible que, al principio, la comprensión no sea inmediata. Después de todo, la empatía es una práctica que se ejercita, como cualquier músculo,

por lo que los resultados no siempre se encuentran a la vuelta de la esquina. Sin embargo, cuando escondes tus miedos y preocupaciones detrás de un caparazón, abres el espacio para que las suspicacias crezcan. Entonces los daños pueden ser irreversibles. Una comunicación efectiva se basa en la capacidad de transmitir ideas de forma clara. Haz el ejercicio y, te garantizo, más temprano que tarde recibirás el apoyo que tanto esperas de tu pareja.

La comunicación es la clave. Lo afirman expertos de todo el mundo y, por supuesto, en este libro no existe la excepción a la regla. Tal como lo indica Carmen Serrat Valera, experta en la terapia de parejas:

Otro componente importante de la hipótesis comportamental es que las parejas en conflicto son deficientes en habilidades de comunicación y de resolución de problemas (Weiss, 1978). Estas parejas difieren de las no conflictivas en su relativa inhabilidad para manejar sus problemas de un modo efectivo y originar cambios en la conducta del otro miembro de la pareja cuando tales cambios son descables (Jacobson, 1979).

Al parecer, suelen utilizar tácticas de control basadas en el castigo y el reforzamiento negativo (Jacobson, 1979), es decir, intentan influir en el otro mediante la coerción o la estimulación aversiva del tipo «críticas», «amenazas», «regañinas», «chantajes»..., para obtener el cambio que desean. Lo cual, como es lógico, crea insatisfacción, interacciones tensas y evitación mutua. Estas parejas desgraciadas no aciertan normalmente a aplicar adecuadamente los principios de reforzamiento positivo, moldeamiento... Pretenden cambiar las conductas del otro mediante el control aversivo y no refuerzan positivamente las conductas que éste desea.

La comunicación no debemos entenderla como un concepto vago que pudiera definir una mezcla más o menos misteriosa de transacciones de también difícil concreción. En la acepción que damos aquí al término, debemos entender más bien un conjunto especificable de intercambios de conductas verbales y no verbales. Ambos miembros de una pareja se comunican entre sí en una variedad de formas para transmitirse sentimientos o emociones, peticiones, elogios... Hablan, tocan, sonríen, gesticulan, gritan, lloran... Cada uno de ellos actúa a la vez como un emisor y receptor de mensajes

Signos o manifestaciones de la ansiedad en ti

A continuación, algunas formas o síntomas presentes en las personas que padecen ansiedad. Este es un mal que puede presentarse en cualquier persona, independientemente de su situación económica, social, romántica o clínica. Lo importante es que esta información te sea útil para reconocer algunos patrones o signos en ti. No se trata de tener una actitud pesimista, pero sí basada en la prevención. Recuerda que si consigues un diagnóstico certero, basado en la autoobservación y la autoevaluación, podrás aplicar medidas para salvar tanto tu salud emocional como la de tu relación.

La cama ha dejado de arder

He tenido la oportunidad de ayudar a muchas personas que han notado importantes alteraciones en su libido. El interés sexual es un claro indicador de ansiedad. Si has perdido cierto interés por tu pareja desde una perspectiva sexual, este es el momento para reevaluar tu situación. Para nadie es un secreto que el sexo es una de las claves para que una relación romántica funcione y sea plena. De manera que, si no te sientes lo suficientemente animado para intimar con esa persona a la que tanto amas, es evidente que te encuentras atrapado/a en ese penoso estadio llamado ansiedad. Ahora bien, no te eches a morir por esto. Todo en la vida puede revertirse, menos la muerte. Si en tu fuero interno sigues convencido de que estás enamorado de esa persona (se mantiene la visión a futuro, el compromiso, la idea de ayudarle en su crecimiento personal, la meta de una familia, entre otros), esta alteración en tu interés sexual es solo uno de los atributos.

Recuerda que el primer paso para solucionar un conflicto es aceptar que este existe. A partir de ahora tienes que fortalecer tu compromiso con la relación. Sabes que, sin intimidad, ninguna relación romántica perdurará en el tiempo. Para reactivarte en lo íntimo, prueba con practicar alguna fantasía, convérsalo con tu pareja previamente, acuerden plazos, fechas. Sé que planificar el sexo no es en absoluto romántico, todos lo sabemos. Deja claro que es *provisional*, que solo intentas probar nuevas cosas para darle un giro radical a tu libido. Reactivar tu interés sexual es sencillo si tienes una comunicación abierta con tu pareja. Nada de mentir, nada de esconder cosas. Enfrenten este problema juntos y, juntos, serán incluso más felices que antes.

Aislamiento voluntario

Si por meses te has dedicado a evitar todo tipo de compromiso social, si te has aislado por completo en tus menesteres diarios como excusa para no quedar con amigos o familiares, muy probablemente estés padeciendo ansiedad. Y, en consecuencia, pones en riesgo la plenitud en tu relación. Una vez más te invito a deshacerte de las preocupaciones. Con esto no quiero decir que te desentiendas del conflicto. La ansiedad es problema serio que, si no lo tratas, puede incluso devenir en depresión o cualquier otra alteración psíquica. Tienes la responsabilidad de mejorar tu situación emocional y, te lo afirmo, tienes todas las herramientas para hacerlo. Como en casi todos los casos, la comunicación con tu pareja juega un papel fundamental. Háblale, cuéntale tus preocupaciones, las razones por las que estás evadiendo todo contacto con amigos o seres queridos. Es posible que no tengas la razón ya determinada, no importa; en todo caso cuéntale lo que sientes. Dicen que dos cabezas piensan mejor que una, ¿no lo crees?

El trastorno de ansiedad social es muy común, tampoco es que estés atravesando una enfermedad por primera vez vista en la historia de la humanidad. Tienes la ventaja de que muchas otras personas dan fe de que esta es una situación de la que se puede salir. Evita tener miedo a las situaciones sociales. Sí, me dirás que no es fácil, pero tienes la herramienta más potente del mundo (la mente humana), si consigues reprogramarla como parte de la solución, estarás a un paso de salir del problema. No temas, repito. Plantéatelo como un reto. Está en riesgo tu relación, y estoy convencido de que no quieres que se derrumbe.

Insomnio

Las dificultades para conciliar el sueño son más frecuentes de lo que se creen.

Pero, ¿cómo saber si estoy padeciendo de insomnio o si es algo momentáneo? Es sencillo: evalúate. Si en condiciones normales eres alguien a quien no le cuesta dormir (y descansar bien), cualquier alteración de esta dinámica puede ser considerada como una irregularidad importante. Si te cansas de contar ovejas hasta altas horas de la madrugada, si te despiertas a las 2 de la mañana sin saber bien por qué, sin te despiertas antes de que suene la alarma solo para mirar el cielorraso de tu cuarto sin dormirte de nuevo… es posible que enfrentes un cuadro de ansiedad.

Dificultad para concentrarte

Otro de los síntomas más comunes es la dificultad para concentrarnos. En algún momento de mi vida, cuando la ansiedad era el denominador común, me costaba horrores hacer el análisis más sencillo. Si debía presentar un informe o dar una charla, no encontraba la manera de concentrarme lo suficiente como para preparar algunas observaciones relacionadas al tema que trataría. Cualquier cosa, por pequeña que fuera, captaba mi atención… menos las responsabilidades diarias. Fue un momento de mi vida en que sentía que todo daba vueltas, que no podía resolver ni siquiera una pequeña suma. Estaba desorientado y esto lo trasladé a mi comunicación en pareja. Pronto las conversaciones se tornaron erráticas. Me costaba tanto mantener la concentración en lo que mi pareja me decía que, como era de esperarse, tuve discusiones que pudieron evitarse.

Fatiga crónica

Lo más preocupante de la fatiga crónica es que también puede ser un signo de depresión o alguna otra afección médica. Lo primordial, aquí, es que no enarboles diagnósticos a la ligera. Así como en ocasiones se debe a depresión, también puede estar relacionada a una sobrecarga laboral o a cansancio por exceso de actividad física. ¿Cómo saberlo? No es tan complicado como parece. Presta atención a *cuándo* se intensifica la fatiga. Si sucede justo después de un ataque de ansiedad, ya tienes la respuesta a tu pregunta. No llenes tu cabeza de preocupaciones que podrían no tener ningún fundamento. Antes, evalúa bien cuál es la raíz de esta fatiga.

12 posibles causas de la ansiedad en una relación

Ya conoces algunas manifestaciones, psíquicas y físicas, de la ansiedad en nosotros. Ahora, para cerrar el cuadro de este apasionante e imprescindible tema, hablaremos sobre las 12 causas más comunes que devienen en ansiedad dentro de una relación romántica. ¿Estás preparado/a? Al término de este capítulo tendrás todas las herramientas para identificar y diagnosticar tu situación actual. ¿Necesitas medidas correctivas para mejorar tu situación? ¿Terapia de parejas? Lo hablaremos más adelante, querido lector. Por ahora, enfócate en seguir aprendiendo todo cuanto puedas sobre la ansiedad y su efecto en las relaciones.

Preocupaciones laborales

Te exiges dar todo de ti para que se te premie con ese ascenso tan anhelado que mejorará tu situación financiera. Estás tan comprometido con tus responsabilidades laborales, tan inmerso en ellas, que has empezado a desligarte de otros elementos tanto o más importantes que la escalera jerárquica de la compañía en la que trabajas. Es muy común que las preocupaciones laborales tengan efectos negativos en nuestra tranquilidad emocional y, en consecuencia, en el interior de tu relación de pareja. Si bien es cierto que todos queremos desarrollarnos como profesionales exitosos, cuando estas preocupaciones ganan en intensidad ponemos en riesgo desde nuestra salud física hasta el bienestar de la relación.

Preocupaciones académicas

Se dice que China y Japón, esas potencias orientales, son dueños de los indicadores más preocupantes en suicidios de jóvenes. La razón es que las exigencias del mercado son cada vez más potentes. Las pruebas para acceder a la universidad se convierten en el pan de cada día de los jóvenes que, desde la primera infancia, aprenden a sostener (como pueden) el gran peso de las expectativas. En Latinoamérica, aunque la realidad es bastante distinta, también existe una preocupante tendencia por la ansiedad desarrollada con base en las preocupaciones académicas. Los estudiantes de las universidades más prestigiosas luchan cada día con sus actividades y responsabilidades. Eso está bien siempre y cuando no se expongan a un trastorno de ansiedad que destruya, imperceptiblemente, sus relaciones de pareja.

Preocupaciones por el dinero

Aunque corra el riesgo de ser reduccionista, creo que el dinero es la razón número uno de ansiedad en el mundo entero, no solo en las relaciones románticas. Ahora, si nos concentramos en este último escenario, se trata de una preocupación importantísima. ¿Por qué tememos no tener suficiente dinero? Sus consecuencias nos aterran. Hemos crecido con la creencia de que, sin dinero, no podremos disfrutar de la vida. Esta es una verdad a medias. Hay mucho por conocer y por hacer que no necesita dinero. Por otro lado, una pareja madura conoce a la perfección la relevancia del dinero tanto en el futuro inmediato como en el mismo presente.

Celos

¿Qué puedo decir sobre los celos que no haya sido dicho o escrito antes por personas con mayor autoridad? Los celos son una sensación muy dura para quienes la padecen. Algunas personas son celosas por inseguridad, otras por no ser emocionalmente inteligentes, otros por simple control (pues se les ha inculcado desde la infancia, o lo aprendieron en el camino, de que todas las relaciones se rompen más temprano que tarde por una traición o infidelidad). El porcentaje de personas celosas es cada vez más alto. Cuando los celos se tornan más intensos de lo habitual, es cuando la ansiedad edifica su hogar en tu cabeza.

Miedo a perder a la otra persona

El miedo a perder a la otra persona se presenta por varias razones, siendo las más comunes:

a. Dependencia emocional.
b. Inseguridad.

Sea cual fuere el caso, se trata de una causa bastante común (estadísticamente hablando) entre hombres y mujeres jóvenes. Aunque también puede presentarse en personas de casi cualquier edad. El quid de esta posible causa se encuentra en ti. Tienes miedo a perder a la otra persona, vale, ¿por qué? ¿Sientes que sin esta persona no podrías ser feliz? Eso es dependencia emocional. Tienes todo para ser feliz, solo o en compañía. O, viéndolo desde otra perspectiva, ¿lo que te preocupa es no ser querido de nuevo? No hay razones para pensar eso. Deshazte de las creencias limitantes, esas que empiezan con un "no puedo" y que socavan desde los cimientos tu autoconfianza.

¿Qué nos dice Joan Garriga al respecto? De su libro *El buen amor en la pareja*, la siguiente reflexión:

> Aunque suene paradójico, es bueno que en el fondo las personas sepan que sin el otro también les iría bien. Me parece una manera fantástica de lograr una especie de antídoto contra la dependencia y el infantilismo en el amor. Cuando experimentamos un «sin ti no podría vivir», nos comportamos como niños, pues miramos al otro como si fuera nuestra madre o nuestro padre. Y esto,

en la pareja, puede aguantarse cuando es leve, pero si es excesivo no puede funcionar: una pareja se fundamenta en la sexualidad y en la igualdad de rango, como hemos visto, y no tiene nada que ver con una relación materno-paternofilial. Una pareja es una relación contractual y condicional. La relación incondicional se da entre padres e hijos, pero no entre adultos.

Miedo al rechazo

Quizás estás preguntándote, ¿por qué tendría miedo al rechazo si ya tenemos una relación? Créeme, querido amigo, que muchas de las discusiones que has tenido con tu pareja se deben a tu miedo (o el de ella) al rechazo. Por ejemplo, si se presenta una discusión acerca del tiempo que tu pareja pasa con sus amigos o con sus familiares, lo que en realidad quieres transmitir (sin saberlo, pues se da desde el subconsciente) es: ¿por qué no quieres pasar ese tiempo conmigo? El miedo al rechazo es innato del ser humano, y siempre existirá. Solo quienes son emocionalmente fuertes pueden lidiar con estas preocupaciones sin que aparezcan las típicas manifestaciones o síntomas de un cuadro de ansiedad.

Comunicación continua con alguna relación pasada

Es una de las mayores causas de ansiedad en una relación. Amas a tu pareja y tienes la seguridad de que el sentimiento es correspondido. Sin embargo, está la creciente preocupación por un hilo que no termina de romperse. Un hilo que conecta a tu compañero con el pasado, con alguna relación que en teoría ha quedado atrás. Entonces surgen las inseguridades, los celos. ¿Será que sigue queriendo a esa persona? ¿Por qué no ha roto comunicación con esa ex? ¿Me estará engañando? Estas preguntas llegan a ti como un aluvión, como un pequeño huracán que se posa justo encima de tu cabeza. Las preocupaciones, obviamente, llevarán a la ansiedad.

Preocupación por la distancia

En la actualidad ha ganado enteros la ansiedad por esta causa. ¿La razón? Un mundo globalizado en el que las parejas, por distintas razones, se ven obligadas a llevar una relación marcada por un profundo distanciamiento físico. Supongamos que a tu compañero le surgió la oportunidad profesional de su vida en otro estado. Lo amas profundamente, estás segura de que quieres un futuro a su lado. Esta certeza les lleva a darse la oportunidad, conociendo a priori las dificultades propias de una relación a distancia. Aunque estén convencidos y sean conscientes del amor que comparten, siempre llegarán las preocupaciones propias de la distancia. En consecuencia, la ansiedad aparecerá para poner todo en riesgo.

Dudas

Dudas en torno a nuestra vida con esa persona. ¿Estoy en el lugar indicado? ¿Tendré una vida feliz y plena si me quedo aquí? ¿Realmente estoy enamorado? ¿Realmente estoy dispuesto a tener una familiar con esta persona? ¿Quiero un *hasta que la muerte los separe?* Las dudas son el plato fuerte de la ansiedad. Al final del camino, todas las causas encuentran su escenario ideal en las dudas. Dudas que pueden presentarse de muchas formas y en distintos sentidos. Te paralizan, te confunden, te destruyen poco a poco si les das la oportunidad. En todo caso, es una posible causa que se encuentra profundamente arraigada en el imaginario colectivo por el hecho de que forma parte de la naturaleza humana.

Miedo a una crisis de salud

Difícilmente encontrarás en esta lista una posible causa tan delicada como esta. La cultura popular se ha encargado de difundir esa imagen (un lugar común, por supuesto) de la señorita que amenaza a su pareja con hacerse daño si la abandonan. Esta amenaza aunque, en cierto sentido, fantasiosa, contiene algo de verdad en la realidad objetiva. El miedo a que exista una crisis de salud (en nosotros o en nuestro compañero) se hace palpable más común de lo que se cree. El siguiente escenario, más realista, es el eje de este segmento.

Las enfermedades están a la orden del día. Por ejemplo, si tu pareja atraviesa un cuadro clínico complejo, la ansiedad en ambos aumenta significativamente. Cáncer, enfermedades neurológicas, degenerativas, estos son ejemplos comunes, tan frecuentes como una gripa o un cuadro viral. Lo cierto es que, al margen de la patología a la que nos refiramos, la idea de que nuestro ser querido esté enfermo nos llenará de preocupaciones.

Miedo a "no ser lo suficientemente bueno"

Seguramente no te sorprende la presencia (casi omnipresente) del factor *expectativas* en todas estas posibles causas. En esta oportunidad, se trata de un conjunto de expectativas concebidas desde nosotros mismos, desde nuestro interior. Aquí no participan elementos externos. Somos, pues, los únicos responsables de ellas. El miedo a no ser lo suficientemente buenos es otra de las posibles causas por las que hoy te encuentra atrapado en una celda de ansiedad. En todo caso, te invito a que reevalúes tu realidad. Si tienes al amor de tu vida esperándote en casa, trabaja siempre para ser mejor pero no te plantees aspiraciones irreales porque el efecto será contrario al deseado.

Si prestas especial atención a estas doce causas, estoy seguro de que conseguirás transformar tu vida sentimental desde la prevención. Como habrás notado a lo largo de este capítulo, la ansiedad no es un problema irresoluble. Tienes formas y métodos para enfrentarte a ella, bien sea *desde* dentro o desde un enfoque preventivo. En todo caso, ahora que conoces algunas causas y la sintomatología que presenta una persona ansiosa, ¿por qué poner en riesgo tu relación de pareja? Quiero recordarte que esta información no necesariamente te sirve para autoevaluarte. También puedes observar con detalle a tu compañero de vida. Es posible que encuentres algún signo que evidencie la presencia de un pequeño cuadro de ansiedad. En todo caso, si tienes los conocimientos... aplícalos para el bienestar de tu vida sentimental.

Cualquier persona que ha vivido lo suficiente sabe que la vida trae cosas que no eliges, y que de la misma forma otras veces te complace y te trae cosas que deseas ardientemente. Que con nuestra voluntad conviven el azar, el misterio y la incertidumbre. Que la vida tiene sus propios propósitos, a veces extraños, casi incomprensibles, que van más allá de nuestros deseos personales. Por eso, nuestra vida como seres humanos consiste en procurar nuestra felicidad invirtiendo fuertemente en aquello que nos mueve, que queremos y deseamos, pero al mismo tiempo en desarrollar receptividad y sintonía con lo que la vida quiere, nos trae y exige, sea lo que sea.

Joan Garriga, El buen amor en pareja.

Capítulo 4

Estrategias prácticas para resolver la ansiedad

El cuarto capítulo de este libro va dirigido a ofrecerte herramientas prácticas para que afrontes la ansiedad como un ganador. Es cierto que la ansiedad forma parte del día a día. No hace falta que yo te lo diga porque lo vives día tras día; pero, en este sentido, he creído conveniente desarrollar un capítulo entero para enseñarte todas las estrategias que puedes utilizar para resolver este enrevesado tema que pone en riesgo tu salud, tu plenitud y, en última instancia, tu felicidad. Este es un capítulo con muchas buenas noticias para aquellas personas que, por la razón que fuere, atraviesa un cuadro emocional caracterizado por una fuerte ansiedad.

Una de esas buenas noticias es que no hay un solo párrafo de las páginas que leerás a continuación que no pueda ser comprobado por ti mismo en la práctica. Mi trayectoria en el manejo de la emocionalidad humana me ha permitido construir algunas estrategias infalibles, poderosas, que aplicadas en los escenarios más complejos te darán resultados increíbles. Te hablo desde la certeza que da la experiencia. Por años fui víctima de la ansiedad: me costaba cumplir la tarea más elemental del día porque estaba constantemente atacado por inseguridades, emociones tan fuertes como las que pudieras imaginar. Pero, con el tiempo y mucha determinación, descubrí que es posible mejorar las condiciones de vida de un individuo ansioso.

Pedro Moreno, psicólogo especialista en Psicología clínica, y uno de los pensadores más abocados al tema de la ansiedad, desde su autoridad nos invita a participar activamente en la construcción de un nuevo equilibrio emocional.

Muchos pacientes preguntan si realmente es posible superar los miedos o la ansiedad. Mi respuesta siempre es la misma: "Si se compromete al cien por cien con la terapia y realiza los ejercicios recomendados, usted logrará sentirse bastante mejor, puede que incluso completamente curado". Si bien es cierto que no todos los trastornos de ansiedad se pueden superar completamente, en todos los casos es posible hacer mucho por mejorar la calidad de vida y hacer que la vida merezca ser vivida. Como especialista en tratamientos psicológicos, reconozco que los pacientes que sufren trastornos de ansiedad, generalmente, tienen muchas más posibilidades de salir adelante con éxito que los pacientes que sufren otros problemas psicológicos como los trastornos psicóticos o las adicciones.

En este orden de ideas, y siguiendo la premisa planteada por el doctor Moreno, quiero hacerte la siguiente pregunta: ¿estás comprometido al cien por cien con tu salud emocional y psíquica?

Porque, de ser así, te aseguro que las estrategias contenidas en estas páginas te llevarán por el sendero de la felicidad. Solo debes probarte a ti mismo que tu compromiso y tu determinación son lo suficientemente fuertes. El capítulo se divide en varios segmentos, todos orientados al propósito general de este libro: enseñarte a resolver el problema de la ansiedad. 1) Relajación muscular progresiva. 2) ¿Cómo eliminar la negatividad? 10 poderosas técnicas para lograrlo. 3) Lecciones prácticas para mejorar las relaciones. ¿Te parecen interesantes estos títulos? Su contenido te gustará mucho más.

Relajación muscular progresiva

La técnica de relajación muscular progresiva de Jacobson es una de las muchas posibilidades de gran utilidad para disminuir la ansiedad cuando esta se ha inoculado en nuestra fisionomía muscular. El doctor Edmund Jacobson creó estos ejercicios para que seamos capaces de lidiar con situaciones de estrés sin que este afecte directa o indirectamente la salud de nuestros músculos. Esta técnica tiene un efecto directo sobre el sistema nervioso autónomo, el músculo-esquelético y el sistema endocrino. A continuación tomaremos como ejemplo el paso a paso de dos ejercicios. El primero, para la tensión y relajación de la parte superior del cuerpo (manos, antebrazos, muñecas y dedos). El segundo abarca la parte inferior del cuerpo (dedos de pies, pantorrillas, glúteos y piernas).

Parte superior del cuerpo:

1. Partimos de una posición de relajación (sentados cómodamente en un sillón adecuado).
2. Inhala profundamente y extiende el brazo derecho, tanto como puedas.
3. Mantén la postura unos segundos sin dejar de empuñar tu mano.

4. Siente la tensión que se acumula en la zona estirada.

5. Ahora expulsa el aire progresivamente al tiempo que regresas el brazo a su posición inicial. Con este ejercicio gestionarás la tensión de todos los elementos corporales involucrados, prestando especial atención a la sensación de relajamiento que se presenta cuando dejamos de tensar el brazo.

Parte inferior del cuerpo:

Para las piernas:

1. Inhala profundamente, elevando tu pierna derecha, extendiéndola todo cuanto te sea posible.

2. Mantén la postura por unos segundos.

3. Siente la tensión que se acumula en la pierna, desde la cadera hasta los dedos del pie.

4. Expulsa el aire al tiempo que relajas la pierna, devolviéndola a su posición inicial.
5. Repite el ejercicio con la pierna izquierda.

Para las pantorrillas:

1. De pie, inhala profundamente al tiempo que levantas las puntas de tus pies (como si los dedos apuntaran al cielo), sin despegar los tobillos del suelo.
2. Mantén la postura por unos segundos.
3. Siente la tensión que se acumula a lo largo de tus pantorrillas.
4. Exhala progresivamente mientras vuelves a la posición original, con la planta del pie pegada al suelo.

¿Cómo eliminar la negatividad? 10 poderosas técnicas para lograrlo

Estas técnicas te darán la ventaja frente a uno de los problemas más graves en el crecimiento personal: la negatividad. La buena noticia es que es posible reprogramar tu mente para que esta deje de trabajar en función a una visión trágica y pesimista del mundo. Como ser humano, no solo tienes la capacidad de transformar tu vida (que conocerás a continuación), también tienes la responsabilidad de velar por tu salud mental y emocional. No existe otra forma de salir adelante, de superar las muchas adversidades del día a día y sus efectos en nuestro bienestar psíquico. Te invito a continuar la lectura y descubras, por ti mismo, el gran valor de estas técnicas. Tácticas y enfoques que te llevarán al siguiente nivel de tu superación personal.

1. Aléjate del contenido tóxico o negativo: la realidad cambia con cada minuto. Esta es una verdad que tiene su razón de ser en la filosofía, pero que en términos prácticos puede evidenciarse de forma bastante sencilla. Hoy no

eres el mismo que fuiste ayer. Tus gustos han cambiado, tus motivaciones puede que también, tus aversiones y miedos, tus expectativas. Todo varía en función de la realidad objetiva con que nos enfrentemos. Una de las primeras cosas que tienes que hacer para superar la negatividad es limpiar tu rutina del contenido tóxico al que estás acostumbrado. No importa la forma en la que consumas este contenido, pues siempre varía.

Los medios de comunicación, programas televisivos, series; incluso la literatura, puede convertirse en una fuente alimentadora de pensamientos negativos. Lo ideal es que depures lo que consumes, por mucho que te guste, partiendo del hecho incuestionable de que esta información ingresa a tu mente consciente y subconsciente, modificando (parcialmente, por suerte) lo que piensas u opinas sobre diversos temas. Los programas televisivos con un enfoque pesimista, aunque en algunos casos tengan razones para ello, no contribuyen a tu salud emocional. En la medida de tus posibilidades, depura lo que consumes y aléjate del contenido tóxico y negativo con el que has estado alimentando tu cerebro subconsciente.

2. Evalúa tus logros: ¿cuál es la principal razón por la que nos convertimos en unos negativos "sin remedio"? Si bien es cierto que existen muchas posibles causas que nos han llevado a ese callejón sin salida, también lo es que la mente humana puede reprogramarse como si se tratase de un ordenador. Esta es una táctica que me ha sido de gran ayuda para entender que no todo es tan malo como, en ocasiones,

me empeciné en creer. Desde el momento en que tomé la decisión de evaluar mi vida, me di cuenta de que muchos logros importantes estaban siendo solapados por una visión pesimista del mundo. Esto, sin duda, me alejaba de mi mejor versión.

Mi propuesta, pues, pasa por reconectarte con lo que has sido y con lo que eres. Piensa en tu vida; estoy seguro de que has conseguido cosas importantes, metas que cualquiera en tu lugar sentirían como verdaderos motivos para estar agradecido. Y es que la gratitud, aunque no se lleve todos los reflectores que merece, es un hábito profundamente transformador. Tómate unos minutos y piensa en lo que has logrado. Cualquier cosa que, en su momento, acelerara tu corazón. Una compra, una inversión exitosa, algún logro académico, un reconocimiento. Incluso la agradable sensación de haber ayudado a alguien en un momento difícil. Todos estos son logros en los que dejamos de pensar cuando nos invade la negatividad. Reconectarse con ello es neurálgico.

3. Aléjate de las personas negativas: parece una obviedad, pero este es un problema de gran magnitud. ¿Qué es lo que hace tan difícil alejarnos de personas que, claramente, no aportan valor a una visión más optimista del mundo? En muchos casos, estas personas tienen su historia con nosotros. Familiares, amigos, seres queridos de distintos niveles. El hecho de haber compartido tantas cosas, por tanto tiempo, nos impide reconocer que son parte del problema. Alejarte de ellos no solo es esencial, es vital. Sé que me dirás que no es fácil marcar distancia con alguien a quien tenemos en alta estima, y

te concedo la razón, pero tu bienestar depende de ello.

No te pido que rompas toda relación, solo que te alejes. Si realmente quieres ser una persona más optimista, más dedicada al porvenir que a los "no puedo", es necesario que depures toda posible fuente de negatividad, incluyendo a personas a quienes quieres. En ocasiones, hay que tomar decisiones difíciles para regresar al camino del crecimiento personal. No te mentiré al respecto, puede ser un verdadero desafío alejarte de personas negativas, pero es una táctica infalible, que te garantizará un cambio rápido en tu visión del mundo.

4. Acepta tus errores sin molestarte: los errores forman parte de la misma naturaleza humana. Ni el más grande de los seres humanos que conforman el planeta en el que hoy vivimos, si existiera, ha vivido libre de los errores. La

historia de la humanidad así lo demuestra. Grandes sabios como Hipócrates o Leonardo Da Vinci, por mencionar solo dos ejemplos, dejaron fiel testimonio de ideas que resultaron verdaderos errores en el transcurso de la evolución. Si ellos, que eran unos virtuosos en toda regla, cometieron errores en mayor o menor medida, ¿por qué no los cometerías tú o yo? Incluso aquellas personas que no toman acciones por miedo a equivocarse cometen el peor de los errores: la inacción.

Cuando sientas que tus decisiones o acciones no han sido las más idóneas, perdónate. El perdón fortalece el diálogo interno, estimula la humildad y, en consecuencia, suprime la negatividad. Cuando reaccionamos de forma grosera o mal ante un error propio, lo hacemos desde la premisa de que no nos es permitido equivocarnos. Piénsalo por un momento, ¡no tiene sentido! Los errores están a la vuelta de la esquina. Permítete equivocarte solo si al hacerlo aprendes una lección. Pero, cuando te molestas por algo tan ineludible como errar, impides tu crecimiento, te encierras en la negatividad.

5. No juzgues ni critiques a quienes te rodean: las críticas a los demás son una proyección de ti mismo. ¿Por qué desgastarse emitiendo juicios de valor contra otros en lugar de tomar la iniciativa, de ofrecer tu ayuda, de plantear alternativas? La "crítica fácil" es un verdadero problema que dificulta un adecuado y funcional relacionamiento con nuestro entorno. Esto adquiere especial relevancia si recordamos que somos animales sociales y que cada minuto que transcurre está asociado con algún tipo de intercambio social. La crítica exacerbada hacia quienes te rodean

puede ser, además, un indicador de algún descontento propio.

Por otro lado, se consolida esa idea de que vivimos en un mundo malo, feo, irreversible. Esta es una táctica estrechamente vinculada con la anterior ("Acepta tus errores sin molestarte"), y es que quien acepta e interioriza que no existe la perfección en el ser humano, se permite entender que otros digan o hagan cosas que, personalmente, nos parecen equivocadas. En todo caso, nada bueno puede salir de la crítica indiscriminada a los demás, más que alimentar el conflicto y poner barreras en nuestras relaciones interpersonales.

6. Agradece lo bueno que te sucede: si en la segunda recomendación ("Evalúa tus logros") hago referencia a la autoevaluación, a la reconexión con nuestros logros del pasado, aquí ampliamos el espectro para ir mucho más allá.

¿Qué es lo que realmente significa "agradecer lo bueno que nos sucede"? Significa estar alineados con lo que el Universo nos provee día tras día. Yo, por ejemplo, he construido un mantra que recito sin falta cada noche, antes de acostarme a dormir. "Gracias, Universo, por todo lo que me das. Por darme un nuevo día de vida, de inteligencia, de vitalidad y de salud para enfrentarme a las adversidades diarias". Es un mantras bastante sencillo pero que reúne todos los elementos por los que me siento inmensamente agradecido.

La vida en sí misma solo es posible cuando se dan cientos de pequeños y grandes milagros. Un nuevo día de vida representa cientos (miles, millones) de buenas noticias. Tienes 5 sentidos para interpretar el mundo, inteligencia para entender que puedes mejorar cosas en ti, salud, motivación para luchar y salir adelante. ¿No crees que esto es suficiente para estar agradecidos, al margen de las buenas o malas noticias que nos pasen en cada día?

7. No te lamentes y actúa: la negatividad que te domina crece y crece solo si tú así lo permites. Ella es como un pequeño virus que se adentra en nosotros para desgastarnos. A diferencia de los virus como la gripe común, el dengue o el Zika, que tienen un periodo de vida útil para luego perecer por sí solos, la negatividad construye raíces sólidas, tan fuertes que pueden destruir a una persona por fuerte que esta sea. Si vives lamentándote por las decisiones que tomaste en el pasado, por el camino escogido, propicias que la negatividad construya sus bases en tu mente subconsciente. Lamentarse no está mal, es uno de los muchos

mecanismos de defensa que el ser humano tiene en sus engranajes psíquicos, pero tomar el lamento como un denominador común si se convierte en un problema mayúsculo.

En lugar de caer en esta dinámica, enfócate en tus objetivos, toma acciones concretas para salir de esa situación que tanto te aqueja, y crece. Acciones reales, querido lector, con las que perfeccionar tus atributos y destrezas. Tu mente se ocupará y, en el camino, las malas decisiones del pasado pasarán al olvido.

8. Ten siempre una mente abierta: no cometas el error de sentirte cómodo en tu castillo de prejuicios. Para empezar, ¿por qué existen los prejuicios? Existen como resultado de una visión finita del mundo. Nos proveen una sensación de seguridad al haber "descifrado" la realidad que nos rodea. Desde esa supuesta co-

modidad nos sentimos con la autoridad de juzgar y criticar, aunque sea desde el prejuicio, a quien actúe de un modo distinto al nuestro.

Tener una mente abierta significa muchas cosas; entre ellas, ponerte en los zapatos del otro. Aceptar que sus puntos de vista y acciones pueden ser una solución, al margen de lo que tú harías para solventar ese problema. En otras palabras, aceptar con humildad que los demás tienen tantas capacidades como tú de resolver un conflicto determinado.

9. Ingenio, no sarcasmo: la cultura popular ha puesto al sarcasmo en el pináculo de la inteligencia. Basta ver series como Dr. House para darse cuenta de ello. A menudo se interpreta que el sarcasmo es una forma de responder, con ingenio e inteligencia, ante el argumento del otro. Sin

embargo son conceptos que tienen entre sí diferencias marcadas. El sarcasmo, en resumidas cuentas, tiene más relación con "atacar" al otro", con herirle desde nuestra inteligencia, concebida desde una supuesta superioridad intelectual o moral.

Si realmente quieres superar la negatividad, haz de prescindir del sarcasmo como mecanismo de defensa. Ya que este, en su fisionomía, contradice la apertura de mente. Es decir, quien utiliza el sarcasmo con frecuencia lo hace porque está convencido de que es superior al otro, a cualquier interlocutor. Y, en general, lo cree porque en su fuero interno no se siente tan preparado o capaz como el otro, razón por la cual siente la necesidad de atacar sus puntos de vista o argumentos.

10.   Deshazte de la negatividad innecesaria: a priori, toda forma

de negatividad es innecesaria, algo delo que podemos y debemos prescindir. ¿Por qué alguien se encierra a sí mismo en una celda cuyos barrotes se conforman de una visión del mundo pesimista, trágica, finita? Aunque las razones pueden variar, en la mayoría de los casos la principal causa es inseguridad. No nos sentimos lo suficientemente confiados de lo que somos, de lo que podemos lograr, de allí que entendamos al mundo como una constante conspiración contra nosotros. "La situación económica me impide emprender", "No gano suficiente dinero para que alguien me ame", "No podría ser feliz sin mi pareja actual". Estos pensamientos limitantes no solo son innecesarios, también son improductivos en función de que no te llevan a ningún lado ni te ayudan a crecer.

Piensa que tu mente funciona como un imán en coherencia con las leyes del universo y de la atracción. Si tu patrón de pensamiento se compone mayormente de pensamientos negativos, todas tus acciones (inconscientemente) estarán orientadas a satisfacer esa idea negativa del mundo. Es como un juego en el que tú puedes configurar los controles y las características. La aplicación es tu cerebro, pero tú eres el dueño y tienes las herramientas para reprogramarlo de manera que funcione según tus deseos verdaderos. En este caso: ser feliz. Nadie con pensamientos negativos puede serlo, esta es la razón-madre de todo este capítulo.

Lecciones prácticas y ejercicios para mejorar tus relaciones

Lo mejor es empezar por el principio, ¿no? Todas las relaciones sentimentales o románticas tienen altibajos. Negar esta realidad no solo es un despropósito absoluto, también es displicente con lo que somos. Piensa por un momento en alguna de tus relaciones pasadas. No importa si terminó mal o si fue hace mucho tiempo, solo la utilizaremos como ejercicio. Estoy seguro de que, al rememorar esa relación, te vienen a la mente recuerdos de distintos tipos. Los primeros recuerdos que lleguen a ti serán aquellos que tienen una carga emocional más fuerte (pueden ser positivos o negativos). Superados estos primeros recuerdos, llegarán otros quizá de menor relevancia pero que forman parte del conjunto de anécdotas o vivencias asociadas a esa persona.

Este simple ejercicio nos sirve para entender que cada relación, independientemente de su ruptura o del momento que atraviese, tiene momentos buenos y momentos no tan buenos. Es una dinámica imperfecta, desde luego, pero en su imperfección radica su encanto. ¿Quién no ha sentido cosas increíbles por alguien? Aunque la experiencia tenga blancos, negros y grises, personalmente no sacrificaría la sensación de estar enamorado por evitar "los días negros". Este segmento tiene algunas lecciones prácticas para que mejores tus relaciones. Da igual si la aplicas en tu relación actual o para futuras aventuras, en todo caso son técnicas infalibles que te ayudarán a convertirte en una gran persona y en una gran pareja, al margen de tus imperfecciones.

Planifica tiempo sin él/ella: al principio de este libro te expliqué que una de las razones por las que siempre recomiendo pasar tiempo lejos de tu pareja es porque, de esta manera, te habitúas a la idea de su ausencia. Es imprescindible hacerlo para que tu felicidad y tranquilidad emocional no depende de su presencia, de que él o ella *esté* allí contigo. Este es uno de los ejercicios más increíbles de la lista porque funciona en dos sentidos:

a. Fortalece tu independencia.
b. Fortalece la relación en sí.

Pero, ¿cómo es posible que hacer cosas por separado fortalezca la relación? Créeme, es así. Te explicaré por qué: si hoy haces planes para ir a jugar fútbol con tus amigos, o ir al salón de belleza con tus amigas, disfrutas de espacio contigo al tiempo que le das espacio a tu pareja sentimental para que disfrute sin ti. Es una construcción de la independencia en sentido biyectivo, porque aplica en ambas direcciones.

Utiliza la memoria: mejorar una relación sentimental es cuestión de método y creatividad. Lo notarás conforme avances en la lectura de esta lista. El segundo ejercicio que te quiero recomendar es el de sacarle todo el provecho posible a tu memoria. ¿Cómo? El caldo de cultivo para hacerlo son las experiencias vividas. En cuanto a la forma, esta dependerá de los gustos de tu pareja. Por ejemplo, si a tu novia le gusta mucho leer, ¿qué te parece si escribes un pequeño relato (no más de una o dos cuartillas) en la que relatas la primera cita, el primer encuentro o el primer beso? Siempre desde *tu* perspectiva, en primera persona, como quien ha escrito una parte de su biografía.

Te puedo garantizar que tu novia sonreirá, emocionada y sorprendida, al leer el relato. Y si alguna lágrima se le escapa pómulo abajo, es porque le hiciste recordar un maravilloso momento de la relación. Este es un ejercicio que, para mayor éxito, debe realizarse sin razón aparente. El efecto no será el mismo si lo utilizas para disculparte luego de un ataque de celos o de haber faltado a una promesa. Digamos que es una tarea preventiva.

Ordena el espacio compartido: el nido es esencial en las parejas. Da igual si viven en una casa inmensa, en un apartamento lujoso o en una pequeña habitación. Ese espacio, esos metros cuadrados en los que comparten mayor parte de la intimidad, debe estar ordenado. Dedicar algo de tiempo a ordenar tu casa, apartamento o habitación es un gesto que habla por sí solo, significa compromiso de que las cosas estén bien ordenadas, cada una en su sitio, todo en perfecto equilibrio. Una opción bastante buena es hacerlo en conjunto, pero con determinación y entrega. Aunque este es un ejercicio que también funciona por ti solo. En todo caso, hazlo. Te aseguro que tener las cosas ordenadas en tu nido de amor facilitará la comunicación, la felicidad y una relación mucho más funcional.

Sé creativo, juega con él/ella: una de las causas por las que una relación deja de funcionar es porque se quiebra la comunicación. A estas alturas sobra decir que sin comunicación es imposible tener una relación (social, romántica, intelectual o laboral) funcional. Las relaciones románticas, por mucho que exista el factor físico, requieren del oxígeno que solo una buena charla puede proveer. En este sentido, mi recomendación es que le des alas al niño que todos fuimos y que aún llevamos dentro. Toma a tu pareja por sorpresa; sin previo aviso, compra un juego de mesa con el que pasar buenos minutos juntos. Juegos divertidos, que le gusten a ambos y que funcione como un puente para paliar cualquier efecto del cansancio físico o psicológico a consecuencia del día a día.

Juegos de mesa, juegos *online*, cualquier actividad lúdica, que no dé oportunidad a las preocupaciones diarias, es caldo de cultivo para mejorar la comunicación. Nuevamente creo necesario recordarte que estos ejercicios tienen un mejor efecto cuando son aplicados *desde la prevención* y no como un salvavidas para ganar enteros tras haber cometido algún error.

Aplica la magia de las listas: hace tiempo conocí a alguien que me enseñó este ejercicio. No es en absoluto complicado, pero sí requiere que ambos sean honestos, responsables con sus palabras y lo suficientemente maduros para aceptar el comentario del otro sin entrar en conflictos innecesarios.

Ambos deberán tener lápiz y papel.

1. Ambos escribirán una lista de las cosas que no les guste mucho de su pareja: está prohibido ser hiriente, recordar eventos pasados o emitir juicios. Para ello, se prohíben las palabras *siempre* y *nunca*.
2. Intercambiarán las listas.

3. En un folio distinto, ordenarán la información de sus listas en tres columnas:

   a. Lo que quiero y puedo cambiar.

   b. No sé si quiero o puedo cambiar.

   c. No quiero o no puedo cambiar.

4. Cuando ambos hayan finalizado la clasificación, deberán discutirlo en pareja, siempre desde el respeto y el amor. Para garantizar los juicios de valores o palabras ofensivas, se mantienen las prohibiciones del primer paso. No se podrán decir ni *nunca* ni *siempre.*

Habla con tu nueva pareja sobre tu ansiedad

Ten en cuenta que una relación depende de quienes la conformen. Si estás padeciendo algunos de los signos o manifestaciones mencionados en el primer capítulo de este libro, y que te hacen suponer que estás sufriendo de ansiedad, lo ideal es que hables, que te sinceres, que busques apoyo en las personas a quienes tu actitud podría estar afectando.

Pedro Moreno, doctor ya citado en este libro, nos refiere lo siguiente acerca de la ansiedad:

> La crisis de ansiedad suele ser un "síntoma" de otros problemas no resueltos. ¿Qué problemas "no resueltos" son esos? Hay personas con dificultades para manejar sus relaciones con los demás. Otras personas se involucran en el trabajo en un nivel agotador, más allá de lo justificado. Algunas personas se mantienen en situaciones personales que internamente viven como insufribles... En realidad, son muchos y variados los problemas sin resolver que pueden dar la cara como una crisis de ansiedad. El elemento común que presentan todas estas personas es la vivencia de un estrés personal elevado.

¿Por qué es tan importante que hables con tu nueva pareja acerca de tu ansiedad? Porque un nido de amor se construye con confianza. Eso ha quedado claro. Las personas que sufren ansiedad a menudo están tan ensimismadas en sus sensaciones que no piensan en lo que sufren aquellos en quienes reflejan su ansiedad. Los padres de un hijo que padece ansiedad sufren tanto o más que el hijo, porque desconocen las razones de ciertas actitudes, porque no poseen los instrumentos o conocimientos adecuados para contrarrestar la ansiedad de esta persona. Es una situación de mucho estrés que, en escenarios no deseados, puede devenir en severos cuadros depresivos.

Sin darte cuenta, tu ansiedad afecta a tu pareja. Mi recomendación siempre será que te tomes un espacio de tiempo para explicarle, de forma concreta, honesta y transparente, todo lo que está ocurriendo en tu interior. Explicar, por ejemplo, los síntomas físicos que te están afectando; explicar también las posibles causas a las que, crees, se debe la ansiedad. De esta manera no solo refuerzas la comunicación, también le dices (sin decirlo) a tu pareja que tu actitud no se debe a algo que él o ella haya hecho. Es simplemente que atraviesas momentos de carga emocional a los que no estabas acostumbrado.

Lo comentado en el párrafo anterior es solo un ejemplo. Las posibles causas que devienen en ansiedad son muchas, y fueron explicadas a profundidad en el tercer capítulo para tu conocimiento. No temas parecer "débil" o "frágil". Recuerda que una relación sentimental tiene altibajos y, en algún momento, serás tú quien ofrezca su brazo como apoyo para que tu pareja se desahogue. Es una cuestión de confianza mutua, al margen de los temores (muchos irracionales).

Capítulo 5

Consejos y trucos para una relación larga y feliz

Todos queremos ser felices al lado de la persona que amamos. Muchos, en el trayecto, lo consiguen; otros, la mayoría, cae en una profunda dinámica de relaciones fallidas y disfuncionales que no van a ningún lado. La pregunta con la que abro este capítulo es: ¿qué tipo de relación quieres tener? He planteado esta pregunta en muchos conversatorios y conferencias porque me parece que tiene un trasfondo interesante. La respuesta determinará más de lo que nosotros esperamos *del otro* que de lo que pensamos hacer para llegar a la meta. La verdad es cuando hago esta pregunta las personas se miran unos a otros, confundidos, como si se tratase de una pregunta-trampa, pero en realidad no hay respuestas buenas o malas. Lo que tú respondas es lo que eres, lo que sientes, lo que esperas. Y esto, salvo casos excepcionales, casi nunca es negativo.

Me gustaría que cierres los ojos por un momento. Detén la lectura 60 segundos mientras haces este ejercicio. Cierra tus ojos y visualízate en tus últimos años de vida, cuando ya seas anciano y te prepares para despedirte de este mundo. No visualices a nadie más que a ti mismo. Empezarás el ejercicio en 3, 2, 1…

Volvamos. ¿Qué fue lo que viste? ¿Viste una casa grande en el centro de una ciudad concurrida? ¿O más bien te observaste en una vida tranquila dentro de una casa en alguna zona rural de tu país? Más concretamente me gustarías saber, ¿cómo se sentía ese anciano en el que pensaste por un minuto entero? ¿Estaba dichoso o triste? ¿Satisfecho, quizá? Lo que busco con este ejercicio es que, antes de hablar de cómo tener una relación larga y feliz, consolidas la figura del *yo individualizado*. La felicidad no está en otra persona, está en ti. Cualquier otra idea no es más que un atisbo de dependencia emocional del que tendrás que liberarte más temprano que tarde.

Estamos en las últimas etapas de este increíble paseo. Ya has aprendido algunos aspectos fundamentales, principalmente relacionados a la ansiedad en las relaciones de pareja. Conoces las posibles causas que derivan en este delicado estadio emocional, sabes identificar los comportamientos irracionales que la ansiedad, de qué manera estos influyen en la felicidad dentro de tu relación, entre muchos otros elementos tanto o más importantes. Lo que viene a continuación es un conjunto de buenas noticias. Piensa en este paseo como si se tratase de un proceso de aprendizaje normal. ¿Qué necesitas? En primer lugar, identificar el problema, la raíz del conflicto. En segundo lugar, entender que motivó al conflicto en cuestión. En última instancia, estrategias y prácticas que te ayuden a construir soluciones funcionales y sustentables para suprimir de una vez por todas esta problemática.

Ahora nos encontramos en la parte práctica de este proyecto que tiene por finalidad primaria la transformación positiva de tu relación de pareja. Ha llegado el momento de sanear todo lo concerniente a tu intimidad romántica y sentimental. Es posible hacerlo, por supuesto, pero más que posible es un compromiso que no puedes evadir si estás genuinamente interesado en tener una relación larga y feliz. En este sentido, cada párrafo de los muchos que componen este quinto capítulo tiene su razón de ser en la práctica. Sí, tienes el poder para comprobar las recomendaciones y consejos de este capítulo en tu vida diaria.

La estructura de este capítulo es sencilla, compartida en tres grandes bloques, todos conformando un todo funcional.

1. Todos anhelamos una relación saludable.
2. La vida se trata de ser feliz.
3. 20 consejos prácticos para que tu relación de pareja sea larga y feliz.

¿Estás listo/a para conocer las claves de una relación exitosa? Sigue leyendo, te encantará.

Todos anhelamos una relación saludable

No existe un solo ser humano sobre la faz de la tierra que viva feliz en medio de una relación sentimental tormentosa y disfuncional. En algún punto de la evolución de nuestra especie las emociones tomaron un papel preponderante en lo que se refiere a nuestro sentido de la autorrealización. Desde tiempos inmemoriales, la necesidad de amor ha estado presente en nosotros como especie racional y sensorial. Aunque, claro, las diferencias se definen de acuerdo a las condiciones de vida del ser humano. La necesidad de amor del hombre primitivo, que vivía en las cavernas, cazaba y recolectaba para subsistir, varía significativamente de la necesidad de amor presente en el hombre moderno. Aunque, en esencia, la premisa se mantiene en su concepción más elemental.

Erich From, uno de los pensadores más aclamados en los últimos años, nos refiere la siguiente observación, extraída de un clásico contemporáneo de parte de la literatura de superación personal, El arte de amar:

> Amar a alguien es la realización y concentración del poder de amar. La afirmación básica contenida en el amor se dirige hacia la persona amada como una encarnación de las cualidades esencialmente humanas. Amar a una persona implica amar al hombre como tal. El tipo

de «división del trabajo», como lo llamó William James, que consiste en amar a la propia familia pero ser indiferente al «extraño», es un signo de una incapacidad básica de amar. El amor al hombre no es, como a menudo se supone, una abstracción que sigue al amor a una persona específica, sino que constituye su premisa, aunque genéticamente se adquiera al amar a individuos específicos.

De ello se deduce que mi propia persona debe ser un objeto de mi amor al igual que lo es otra persona. La afirmación de la vida, felicidad, crecimiento y libertad propios, está arraigada en la propia capacidad de amar, esto es, en el cuidado, el respeto, la responsabilidad y el conocimiento. Si un individuo es capaz de amar productivamente, también se ama a sí mismo; si sólo ama a los demás, no puede amar en absoluto.

Todo cuanto hacemos en el transcurso de la vida responde a necesidades básicas, muchas de las cuales tienen su razón de ser en nuestra biología evolutiva. Una de ellas es la búsqueda del amor, pero de un amor funcional, saludable, que nos provea el conjunto de emociones y sensaciones necesarias para ser felices. La realidad del ser humano es amplia en muchos sentidos; las nuevas tecnologías proliferan desde los suelos como hierbas, las ciencias exactas y sociales descubren nuevas formas de interpretar lo que nos sucede; toda esta variabilidad, sin embargo, no escapa de una realidad aún más palpable y presente: todos, sin distinciones, aspiramos ser felices a través de un amor romántico correspondido y efectivo.

La vida se trata de ser feliz

Antes de avanzar con los increíbles consejos que he preparado para ti, y que te ayudarán a darle una vitalidad mucho más plena a tu relación de pareja, ¿qué te parece si ratificamos algunos conceptos y reflexiones asociadas a la felicidad? ¿Qué significa ser feliz? ¿Por qué a las personas les cuesta tanto encarrilar sus pasos hacia una vida basada en la autorrealización, la plenitud y la felicidad? La vida, tal como la conocemos, es un conjunto de responsabilidades y exigencias, dicen algunos. Esta es una visión reduccionista y simplista. La vida es mucho más, querido amigo. Si bien es cierto que las exigencias y expectativas que nos hemos impuestos han distorsionado el concepto, vivir no tiene nada que ver con crecer dentro de la estructura jerárquica de la compañía en la que trabajas. Hacerlo, claro, te aportará buenas sensaciones si tu autorrealización apunta al crecimiento profesional y a nada más. Pero, ¿y el amor? ¿Hay espacio para una relación de pareja estable en tu mundo?

En este juego de la felicidad, las relaciones sentimentales son un punto neurálgico. Está claro que vivir en pareja no es una condición innegociable para alcanzar la felicidad, pero también es cierto que, en la mayoría de los casos, puede tornarse una experiencia increíble. Todo el que ha sentido las "mariposas en el estómago" sabe, por conocimiento propio, que la vida es más bella cuando la cruzamos en la compañía de alguien que nos comprende, nos acepta y nos ama más allá de las vicisitudes del día a día. Es fundamental que tengas claro esto: las relaciones de pareja son neurálgicas en el devenir social. Como seres sociales, nos relacionamos con nuestro entorno de muchas maneras. Siendo, pues, la intimidad, una de las formas más necesarias y esenciales para el ser humano. De allí la importancia de fomentar, como expectativa, una relación de pareja larga y saludable. ¿Quieres saber cómo? Sigue leyendo y lo sabrás.

20 consejos prácticos para una relación larga y feliz

No dejes que muera el coqueteo

Recuerda que una relación de pareja es como una planta; necesita constantes atenciones como si se tratase de un ser vivo que siente y que puede, en el peor de los escenarios posibles, morir. En este sentido, todos los cuidados son relevantes. Recuerda la forma en que coqueteaban durante los primeros meses de relación; estoy seguro de que encontrarás joyas que por diferentes razones se han perdido en los anales de tu memoria. Lo importante es que las saques de las profundidades de tu mente y retomes ese juego, esa pasión casi lúdica que les unión al principio, en esos primeros días donde abundaba la pasión, el interés mutuo y las ganas de seguir explorándose el uno al otro.

Una relación siempre cambiará, ¿para qué negar tamaña verdad?, pero la madurez no implica desligarnos por completo de los juegos de coquetería y picardía que abundaron al principio. Si es tu caso, si sientes que se ha perdido un poco esa pasión de los primeros días, te insto a que retomes ese sendero. Permítanse coquetear como adolescentes perdidos de amor, créeme que no te arrepentirás.

Ten siempre en mente que tu relación cambiará

En el consejo anterior quedó claro: las relaciones de pareja siempre cambian. Esto sucede porque los seres humanos maduramos y, con nosotros, también maduran nuestras formas y métodos para interactuar con todas las personas que nos rodean. Esto no es necesariamente negativo. Después de todo, la gente crece y sus expectativas toman recovecos distintos a las expectativas que alimentábamos durante la adolescente. Los cambios solo son negativos cuando no nos adaptamos a las nuevas circunstancias. Mi experiencia me ha permitido entender que, una de las razones por las que cada vez son menos comunes las relaciones longevas, es porque quedamos atrapados en la mentalidad del pasado. Acusamos a la otra persona de haber cambiado, de "no ser la misma persona". Pero,

¿quién lo es? Solo una estatua mantiene su posición fija con el paso del tiempo.

Acepta con humildad que los cambios forman parte de la vida. Por ejemplo, mi relación actual empezó con un inocente intercambio de cartas (¡cartas en papel y tinta!). En la actualidad es impensable que una pareja empiece su camino amoroso del mismo modo. ¿La razón? Los tiempos cambian, las nuevas tecnologías proliferan, se modifica radicalmente nuestras formas de comunicarnos entre nosotros. De manera que, si el contexto cambia, nosotros también. Y, dándole un giro a la frase, las cosas cambian porque el ser humano es por naturaleza variable.

No te vayas a la cama estando enojado

Una de esas reglas doradas que aprendí de mis padres (y, en lo sucesivo, de muchos amigos), es que no hay peor daño a nuestra estructura emocional que irnos a la cama llenos de rabia, de impotencia, de estrés. ¿Cuál es la razón por la que debes evitar, siempre que puedas, acostarte a dormir con este cuadro emocional? En primer lugar, porque te costará conciliar el sueño. Tu cabeza estará dándole vueltas al tema, buscando formas más ingeniosas de reforzar tu argumento frente a la otra persona. Y, como es bien sabido por todos, dormir mal es una de las peores cosas que puedes hacerle a tu cuerpo y a tu mente.

En segundo lugar, porque ese espacio en el que le das vueltas a las palabras de tu pareja, rebuscando mil formas de responder (más ingeniosas, más directas, en algunos casos hasta hirientes), te quedarás dormido con esta idea en mente. Lo que quiere decir que al día siguiente buscarás la manera de continuar la discusión solo para disparar tus respuestas, esas que pensaste durante la noche anterior.

Evita en la medida de lo posible las comparaciones

Las comparaciones son odiosas, eso todo el mundo más o menos lo intuye. Pero, ¿qué es lo que tienen las comparaciones que son tan adictivas, tan "pegajosas"? La verdad es que no existe una respuesta concreta para esta interrogante. Lo que sí está claro es que compararte con otras personas no tiene el mínimo sentido. Quienes acuden a la comparación desde el diálogo interno son quienes sufren más. Quienes exteriorizan esta forma de retórica en una relación de pareja (principalmente en el marco de las discusiones), se introducen voluntariamente en un abismo del que no se sale ileso. Evita siempre establecer comparaciones. No importa si esta se da con una intención bondadosa o insidiosa. Lo mejor es que busques otras opciones para reforzar tu punto.

¿Cuáles son las comparaciones más comunes (y odiosas, sobra decir) que se dan en el marco de una relación? Cuando comparas tu noviazgo/matrimonio con otro; cuando comparas los atributos de tu pareja con los de alguien más; cuando te comparas a ti mismo con algún ex. Son ideas absurdas por donde se les mire. Si quieres una relación duradera… ¡no lo hagas!

Elige amar, elige comprometerte con tu relación

¿Te gusta el humor? Uno de los comediantes más increíbles que he conocido es un norteamericano, ya fallecido, que en vida se llamó Bill Hicks. Esta es una de sus frases más icónicas:

> Dejamos que maten a la gente buena que tratan de decírnoslo y a los espíritus libres, pero no importa, porque *es solo un paseo*. Y podemos cambiarlo cuando nosotros queramos. Es solo una elección. Sin esfuerzo, sin trabajo, ni ahorros. Solo una elección ahora, entre el miedo y el amor.

> Si escoges el miedo, compra más cerraduras, armas y sepárate de los demás. Si escoges el amor, mírate a ti mismo y a los demás como uno solo. Eso es lo que podemos hacer para cambiar el mundo ahora mismo. Para que sea un mejor paseo.

Escoger el amor para hacer bien a nuestra relación. Hay muchas otras opciones, pero ninguna es tan increíble ni tiene efectos tan positivos como el amor. Así que, sin más, elige amar.

Respeta a tu pareja como ser humano... y como compañero/a de vida

Si has escuchado en la radio, televisión, redes sociales e incluso en una conversación ordinaria entre amigos, con algunas copas encima, que el respeto es la base de la relación, no te mienten. Claro está que una relación de pareja solo es saludable y duradera si convergen otros elementos en su conjunto. Pero el respeto, desde luego, es uno de los instrumentos necesarios.

No respetes a tu pareja por miedo a que la relación fracase, tampoco para que él/ella te respete, mucho menos para ganar enteros en medio de una discusión o disputa. Respétala por el simple hecho de que es un ser humano y, como tal, merece todo el respeto que puedas darle.

En el camino, mientras construyes una comunicación basada en el respeto, te darás cuenta de que lo haces porque es un ser humano, tu compañero de vida y, en última instancia, porque le amas. Los resultados no se harán esperar. Es un efecto inmediato, querido amigo. Algo que vale la pena comprobar por tus propios métodos.

Estudia las referencias que tengas a la mano

Una de las buenas noticias que nos ha dejado el auge de la literatura basada en el crecimiento personal es que a través de ella podemos embebernos de un sinfín de historias exitosas parecidas a la nuestra. Cada vez más escritores y pensadores dedican tiempo y recursos para construir libros que te ayudarán a mejorar tu relación de pareja. La psicología social, encargada en estudiar el comportamiento de las personas, no es la única opción. Autores como Erich Fromm, al que he citado varias veces a lo largo de este libro, representan una verdadera ayuda en lo concerniente a reconocer la psicología humana en la intimidad.

Además, la literatura siempre es un hábito positivo que te permitirá fortalecer conocimientos útiles para tu felicidad como individuo. Este es el momento exacto para que saques todo el provecho de las librerías, de las publicaciones relacionadas a la felicidad en una relación romántica. No te arrepentirás.

Antes que novio/esposo, sé un buen amigo

Desde que empecé a interesarme en el mundo de las relaciones de pareja he tenido algo muy claro: no hay mejor manera de empezar una relación funcional que con alguien a quien ya quieres. Con esto no quiere decir que conocer al amor de tu vida en una cita a ciegas o en un café es algo negativo, en absoluto. Pero cuando somos amigos de alguien, el camino se torna mucho más sencillo en vista de que ya existe una base emocional. Le quieres, le aprecias... no le harías daño por nada del mundo. Y es que, ¿quién en su sano juicio atentaría contra un amigo? De allí la importancia de ser amigos antes de tener una relación romántica con expectativas de sostenerse en el tiempo.

He tenido la suerte de conocer a muchas parejas que viven una vida sentimental exitosa pese a no cumplir con este requisito... y me alegra mucho saber que no se trata de atributo *sine qua non* para la felicidad en el amor. Sin embargo, siempre he creído pertinente hacer esta recomendación como una de las muchas (infalibles) que componen estas claves.

Gestiona los desacuerdos con inteligencia

A ver, partamos de un suelo sólido. No hay verdad más incuestionable que la que te contaré ahora, y que ya conoces de propia mano: los desacuerdos siempre estarán. Y es que, ¿te imaginas una relación donde siempre haya acuerdos, donde no existan puntos de inflexión, donde siempre coincidan en distintos temas? Sería, por decir algo, aburrido. ¡Terriblemente aburrido! Las relaciones se componen de narrativas individuales. Son dos universos que convergen en un espacio-tiempo y, como tal, es de esperar que haya discrepancias, desacuerdos. Lo importante no es evitar estos sino gestionarlos de forma inteligente.

No lo creerás pero la mayoría de grandes problemas en el marco de una relación de pareja se dan luego de ahondar en un pequeño desacuerdo. Es increíble, pero cierto. De manera que, si lo que quieres es blindar tu relación y hacer de esta una vida larga y saludable, lo ideal es que te enfoques y apliques una comunicación efectiva para administrar los desacuerdos de la mejor forma posible. Si estos trascienden, será culpa de ustedes. Y, desde luego, no querrán eso.

Hoy por ti, mañana por mí

Es un famoso adagio que nos ha acompañado desde que llegamos al mundo. Las relaciones son difíciles, complejas, desafiantes. No solo por las diferencias naturales en cuanto a personalidad o expectativas (absolutamente comprensible, sobra decir) sino porque puede darse el caso de que tú atravieses un mal momento. Si esto sucede, será tu pareja quien te sostenga mientras pasa el huracán. Es él/ella quien te servirá de apoyo cuando sientas que las cosas no salen nunca a tu favor. Las malas rachas forman parte de la vida, pero entender que más temprano que tarde tendrás que ser el sostén de esa persona es fundamental.

Hoy por ti, mañana por mí. Quizás hoy no estás en "plenitud de condiciones", y necesitas alguien que te eche una mano para salir del pozo. Pero mañana, querido amigo, serás tú quien sostenga la mano de tu pareja, ayudándole a salir del oscuro foso de las malas rachas.

Compartan tiempo de calidad, juntos o por separado

En distintos puntos de este libro te he informado acerca de la relevancia de pasar tiempo de calidad con amigos, familiares y otros seres queridos, fuera de la intimidad inherente a la relación. Es una recomendación que se extiende a lo largo del libro por una razón concreta: por miedo a perder a la persona que amamos somos capaces de cualquier cosa, incluso de perder nuestras amistades, olvidando por completo las necesidades que todos los seres humanos tenemos (necesidades sociales, de interactuar con nuestro entorno, de vivir fuera de los márgenes de la relación).

El aislamiento social es una característica inequívoca de ansiedad. Y, como ya sabrás, la ansiedad puede derrumbar cualquier relación, por fuerte que parezca. Recuerda en todo momento que la dependencia emocional es una supresión del *yo*, de tu individualidad más esencial. Lo que trae como consecuencia que te sienas incapaz de vivir plenamente sin la compañía de tu pareja. Hay que evitarla a toda costa.

Alimenten expectativas realistas

¿Por qué es tan importante tener expectativas realistas? Porque si aspiras alcanzar cosas que escapan de cualquier lógica o sentido común, tu relación terminará yéndose por un desbarrancadero debido a los golpes que sufrirá la motivación conjunta. Es increíble pero la motivación es como un combustible; necesitas tenerla a tope para que seguir andando sea siempre una opción. Con esto no quiero decir que te fijes metas pequeñitas, todo lo contrario. Tienen, en conjunto, la responsabilidad de velar por la felicidad dentro de la relación. Si se establecen metas inalcanzables, con cada nueva vicisitud se intensificará la sensación de que están arando en el mar, de que no avanzan pese al inconmensurable esfuerzo que invierten día tras día.

Es una contraindicación que conviene tener en cuenta. Como pareja, deben crear juntos las condiciones para que la motivación no se vea afectada. Fíjense metas alcanzables, que se adecúen a lo que ustedes sienten en el marco de la relación, y trabajen minuciosamente para alcanzarlas. No hablen de comprar una mansión en Júpiter o de comprar la Torre Eiffel. ¿Qué sentido tendría?

Aprender a perdonar

¿Cuánto no se ha escrito ya sobre el perdón? Algunos autores afirman que solo a través del perdón podemos reafirmar nuestros sentimientos hacia la otra persona. Pero, ¿por qué cuesta tanto perdonar? Superficialmente, la respuesta se encuentra en el orgullo. Nos sentimos heridos e incluso traicionados. Nuestra mente subconsciente, encargada de garantizar la supervivencia y de evitar sensaciones dolorosas, nos orienta a una reacción rápida e intransigente: el rencor. Pero nada es más corrosivo para tu felicidad como individuo que albergar en tu interior esta emoción dañina y determinante. Las personas no perdonan tan fácilmente porque sienten que, al hacerlo, manifiestan debilidad frente al otro. Pero nada más alejado de la realidad.

Ya te he hablado anteriormente de la compasión. Este atributo no solo se enfoca en tratarte bien, entendiendo que como ser humano puedes cometer errores y que lo importante, más allá de las malas decisiones, es aprender para que no se repitan situaciones parecidas. Sin embargo la compasión también aplica cuando el error proviene de nuestro compañero de vida. Evalúa objetivamente las dimensiones de su error; es posible que estés sobredimensionando la equivocación. En este caso, perdona y fija acuerdos comunes para evitar futuras discusiones por el mismo error.

Enfrentar los problemas con actitud positiva

¿Quién no ha tenido problemas en la vida? ¿Quién no se ha enzarzado en una discusión con su pareja por desacuerdos, malas acciones o simplemente porque nos apabulló la ansiedad? Acepta los problemas como parte de la vida, porque siempre aparecerán cuando menos te lo esperas. La diferencia entre un novio/esposo/amante comprensivo y uno que no lo es estriba en la aceptación de los problemas. Pero, más allá de dar por hecho que estos son innatos a la vida, debes tomarlos con actitud positiva. Ten en cuenta que la prioridad es mantener una relación de pareja henchida de salud, que te procure bienestar y felicidad. En este sentido, lo más sensato es que utilices siempre la lente del optimismo. Si hay problemas, no huyas, afróntalos. Pero no los afrontes como el soldado que se dispone a cruzar la frontera con fusil en mano. Hazlo desde la objetividad, desde el optimismo. De lo contrario, estarás favoreciendo las condiciones una dolorosa ruptura.

Una vida sexual plena y basada en el otro

Puede parecer una afirmación frívola, pero no lo es. Se ha demostrado que la sexualidad es fundamental para que una relación de pareja funcione a la perfección, como si se tratase de los engranajes que componen un reloj. Una relación donde el sexo es escaso o precario está caminando aceleradamente hacia su propia perdición. El amor, con todas sus acepciones, también contempla lo relacionado al apartado íntimo, erótico. Erich Fromm, al elaborar una rápida clasificación, lo plantea de la siguiente manera:

> El amor fraterno es amor entre hermanos; el amor materno es amor por el desvalido. Diferentes como son entre sí, tienen en común el hecho de que, por su misma naturaleza, no están restringidos a una sola persona. Si amo a mi hermano, amo a todos mis hermanos; si amo a mi hijo, amo a todos mis hijos; no, más aún, amo a todos los niños, a todos los que necesitan mi ayuda. En contraste con ambos tipos de amor está el amor erótico: el anhelo de fusión completa, de unión con una única otra persona. Por su propia naturaleza, es exclusivo y no universal; es también, quizá, la forma de amor más engañosa que existe.

Un anhelo de fusión completa. Quien ama, lo hace a menudo con pasión y a menudo con admiración. Estos son los dos atributos que se encuentran activos y notorios en todos los enamorados. Sin embargo, y por distintas situaciones, la pasión puede verse mermada por preocupaciones y monotonía. Sea cual fuere el caso, de ningún modo puedes descuidar la intimidad erótica. Una relación plagada de sexo, de buen sexo, ha completado parte importante del camino hacia la longevidad y la felicidad más plenas.

Sexting

Ahora que hablamos de sexualidad, de su trascendencia, ¿has practicado alguna vez el llamado sexting? En el caso de que no sepas de qué te hablo, no te preocupes, es una tendencia relativamente nueva que ha calado profundamente en especial por el crecimiento de las nuevas tecnologías de mensajería instantánea. Uno de los principales beneficios de esta tendencia es que te lleva a explorar nuevas formas de intimidad que va mucho más allá de lo meramente físico. El contacto pasa a un segundo plano, cediendo la importancia a la imaginación, atributo fundamental de toda sexualidad plena y feliz.

¿De qué va esto? Se trata, básicamente, de tener sexo mediante plataformas tecnológicas. No tienes que transformarte en un Cyborg para hacerlo. Basta intercambiar algunos mensajes "pasados de tono" con tu pareja, avivando la llama de la pasión. Es muy común en los millenials, sin embargo puede ser aplicado incluso por parejas que tienen varios años de casados. No importa la edad sino el entusiasmo con que se aplica. ¿Te parece interesante? ¡Inténtalo!

Muéstrate siempre agradecidos por las bendiciones diarias

El valor de la gratitud es inconmensurable. Ricardo Perret, experto en el ámbito del crecimiento personal, nos habla de este hábito con su sabiduría y transparencia habituales:

> La GRATITUD implica que en la persona que recibe la acción, haya un verdadero reconocimiento de alguna característica, habilidad o elemento que haga única a la otra persona y esto es considerado como un acto de humildad, de poner a la persona que te ofrece la acción en un lugar especial en ese momento. Esto requiere una actitud momentánea de humildad, para reconocer que el otro es bueno para algo o mejor que yo en ese algo; por ende merece reconocimiento ya implícito en la expresión de GRATI-TUD.

Retoma el hábito de la gratitud en todo su esplendor. No solo debes dar las gracias por las bendiciones diarias (un nuevo día de vida, de vitalidad, de recursos para enfrentar las circunstancias de la vida), también agradece la oportunidad de hacer feliz a tu compañero/a de vida. La gratitud constante te reconectará con esos elementos distintivos que tiene tu pareja y que, en principio, aceleraron tu corazón. Agradecer es una forma de reconocer los millones de milagros que caben en tu vida y que, por distintas razones, has omitido.

Hagan planes juntos

Alinear criterios no es fácil. En los negocios, por ejemplo, llegar a un acuerdo puede ser un proceso enrevesado, lleno de dimes y diretes. Las relaciones de pareja, como una planta, han de ser cultivadas diariamente a través de gestos concretos y de una comunicación efectiva, basada en la comprensión y el respeto mutuos. Personalmente, soy de los que cree que no hay mejor forma de mantener la motivación a tope que con los proyectos en conjunto. Estoy seguro de que han tenido interminables conversaciones sobre planes a futuro. Familia, quizá; o conocer alguna ciudad exótica del este europeo; o probar suerte como migrantes en algún país oriental.

El plan, querido amigo, es lo de menos. Lo que realmente importa de este consejo es que se mantengan siempre unidos en lo que al futuro inmediato se refiere. Fíjense planes concretos, realizables; visualicen estos planes en la práctica, realizados. Todo aquello que acelere tu corazón es motivo de celebración en el contexto de una relación de pareja.

Deshazte del rencor.

Un poco de la mano con el consejo referido algunos párrafos atrás (aprende a perdonar). Si tu pareja cometió algún error en el pasado, te mintió sobre algunos planes, te omitió de algo que te resultó particularmente hiriente, no importa. Lo necesario, en este sentido, es que evalúes con objetividad si estás leyendo el daño en su justa dimensión. No cometas el error de darle más importancia a algo que, en realidad, no la tiene. No te aferres al rencor porque consume tu alma, tu vitalidad, tu alegría. Todas las personas cometen errores, lo sabes, ¿no? Si es así, ¿qué sentido tiene alimentar esta emoción tan dañina en tu interior? Si le das espacio en tu mente, más temprano que tarde devolverás "el favor" con actitudes o acciones hirientes. Y de esto no hay retorno.

Si tu pareja te falló en algo, analícenlo juntos, abiertamente, pero no le abras la puerta de tu vida al rencor, que te carcomerá por dentro y te llevará, indefectiblemente, al derrumbe de tu relación.

No olvides las citas

El enemigo público número 1 de las relaciones (sobre todo de esas relaciones que ya están consolidadas) es la monotonía. La rutina destruye todo lo que encuentra a su paso en el contexto de las relaciones amorosas. Lo primero que rompe es la ilusión. En consecuencia, todo aquello que se sustenta en la ilusión termina por caer como un catillo de naipes al primer soplo del viento. La monotonía es como un pequeño fuego que se forma en la base de un palacio construido con paja. Por eso te recomiendo que no te olvides de las citas. Incluso si ya tienes una relación estable y relativamente duradera; incluso si ya te casaste y vives días más tranquilos (lejos de los encuentros apasionados de otrora).

Las citas son la cosa más linda que puede sucederle a alguien. No prives a tu pareja de ella. Invítale a salir como lo hacías al principio, en los primeros días. Compartan tiempo de calidad en escenarios románticos que fomenten una reconexión con la ilusión. Este es el quid del asunto que aquí nos reúne: la ilusión. En lo que esta se pierde, no hay marcha atrás. Pero tienes en tus manos la posibilidad de mantenerla viva siempre que puedas y quieras.

Escoge los consejos que más te gusten y se adecúen a tu realidad objetiva y sentimental. En líneas generales, todo se trata de compasión, ilusión, cohesión y amor. Estas son las columnas que sustentan una relación amorosa. Si cumples con algunos de estos consejos, de estas claves que he aprendido a lo largo de mi trayectoria, te auguro un noviazgo/matrimonio duradero, pleno y feliz. Este es el fin que me he trazado con la construcción del capítulo que aquí das por terminado.

Capítulo 6

Los errores más comunes que la gente ansiosa comete

Quien quiere vivir una vida plena, ha de procurarse un equilibrio emocional sólido, robusto y práctico. Cualquier otra opción es un paso en falso en el camino hacia la felicidad. Por qué la ansiedad es un tema tan profundo e importante en estos tiempos es una interrogante que ha estado presente en decenas de conferencias en las que he estado, cumpliendo roles de participante y orador principal. Nos preocupa tanto la posibilidad de estar preocupados (sí, es así) que no caemos en cuenta de que estamos atrapados en una red invisible que nos impide avanzar hacia la concreción de nuestros objetivos. ¿Tienen razón esas personas en manifestar tamaña preocupación por la ansiedad y sus muchos efectos? Sí, la verdad es que no es cualquier cosa y debe ser entendida y atendida con la complejidad que esta requiere.

La preocupación es en sí una emoción más de las muchas que sentimos en el transcurso de un día. Entonces, ¿por qué no simplemente nos limitamos a aceptarla? Porque esta, más allá de ser una emoción, puede convertirse en una estructura de pensamientos. Las emociones son válidas porque son inevitables, porque cada interacción nos expone a ellas, porque cada segundo que pasa trae consigo un montón de nuevas emocionalidades.

Si nos posicionamos en el contexto de una relación sentimental, José Díaz Morfa nos plantea:

> Realmente la base de la intimidad es el compartir la vulnerabilidad emocional (L'abate y Sloan, 1984). Ciertamente, si el compromiso es experimentado en un contexto de seguridad, la necesidad de

estrategias que nos protejan a nosotros mismos y que limiten el contacto y la involucración también disminuyen. Las parejas deberían atreverse a tener interacciones tomando algún riesgo respecto a mostrar su vulnerabilidad y a compartirla, esto produce una conexión segura, y evita las estrategias 98 PREVENCIÓN DE LOS CONFLICTOS DE PAREJA conductuales que regulan aspectos negativos tanto intrapsíquicamente como interpersonalmente, que evitan el compromiso individual con el otro, modificando nuestra percepción de la relación.

Pero, retomando escenarios más globales, la ansiedad ha de tenerse en cuenta por sus efectos significativos en nuestra tranquilidad psíquica. Este capítulo, en el que abordaremos los principales errores que las personas ansiosas cometen, comprenderás más a profundidad el por qué la ansiedad se ha convertido en una verdadera pesadilla para las personas y sus expectativas de felicidad.

Actúa desde la prevención, evita ser un títere de tus preocupaciones

Prevenir es mejor que lamentar. Esta es una frase popular que contiene tanta verdad como la declamada por los sabios de la antigüedad. En la realidad, tal como la conocemos, hay que evitar caer en un abismo sin fondo mediante todos los medios posibles. La prevención, en este sentido, juega un papel más que determinante, vital. La ansiedad, como la obesidad o la depresión, han ganado dimensiones estructurales a nivel global. Tanto que pueden ser consideradas pandemias modernas. Lo más preocupante no son sus efectos sino el hecho incuestionable de que un alto porcentaje de la sociedad no parece prestarle demasiada atención. Están cómodos en el autoengaño, en una celda diminuta que impide que sea felices, pero no se dan por enterados de esto.

Estoy convencido de que tú estás hecho de un material distinto. Si nos hemos encontrado entre las páginas de este libro es porque estás genuinamente interesado en el tema de la ansiedad y sus consecuencias, tanto en las relaciones de pareja como en tu bienestar psíquico y emocional. Sea cual fuere tu caso, aquí estamos en esta increíble conversación. Lo que conocerás a continuación, en las siguientes páginas, son algunos errores comunes que comete las personas que atraviesan sólidos cuadros de ansiedad. Tener a la mano esta información te ayudará a identificar a personas en tu entorno que estén padeciendo de ansiedad. Así, ofrecer tu ayuda. También servirá, si es el caso, para que hagas un examen de conciencia, para que te autoevalúes con la honestidad y transparencia requeridas.

10 errores comunes que la gente con ansiedad comete

Adquieren el hábito del alcohol

Este es un error en cualquier aspecto de la vida, pero se ve más claramente en personas que están perdiendo la batalla contra la ansiedad. Golpeados por el aluvión de preocupaciones y temores del día a día (independientemente de cuáles sean las dimensiones objetivas de estas), optan por tomar más alcohol que en condiciones normales. ¿Por qué? Es bien sabido el efecto del licor en nuestro organismo. Esta es una técnica de evasión que las personas ansiosas toman de forma inconsciente. En cierto sentido son conocedores de que buscan en el alcohol un efecto paliativo, pero no creen que sea un problema mayor a los que ya amenazan su tranquilidad y paz emocional.

Si conoces a alguien que está tomando más licor del que habitualmente consumo, es probable que esta persona esté atravesando un sólido cuadro de ansiedad y que ha encontrado en el alcohol una forma de enfrentar las preocupaciones que le aquejan. Este es uno de los errores más preocupantes de la lista porque, eventualmente, devienen en adicción. El alcoholismo, pues, no es un aliado para nadie. Mucho menos para alguien que pierde la batalla contra los temores diarios.

No afrontan los miedos

En cierto modo es comprensible que busquemos caminos que nos alejen de la sensación de ansiedad. Algunas personas optan por adentrarse en lugares repletos de personas, o en espacios donde el bullicio es ensordecedor. Algunos utilizan métodos paliativos como conversar con extraños, emborracharse, no salir de casa e incluso consumir sustancias estupefacientes. Independientemente de la actitud que tome la persona ansiosa, lo está haciendo para no tener que afrontar la verdadera raíz del problema: los miedos y preocupaciones que han irrumpido a la fuerza en lo más profundo de su psique. Este es un error tan común como preocupante porque es muy difícil de descifrar. Hace falta prestar mucha atención a los cambios actitudinales de alguien (conociéndolo bastante bien) para determinar que le sucede algo.

A menudo cuando alguien huye de sus miedos en actividades como la lectura, la vida social nocturna, armar rompecabezas o coleccionar estampillas de fútbol, por dar solo algunos ejemplos, pasan desapercibidos frente a los demás. Solo quien le conozca profundamente entenderá, de refilón, que algo sucede en su interior, que alguna preocupación le está llevando a actuar de esa manera. Cuando lo único que buscan es mantener la mente entretenida para no afrontar los miedos.

Se encierran en sí mismos

Uno de los errores claves que cometen las personas ansiosas es romper con toda posibilidad de confianza en los demás. No solo porque dan por hecho que los demás no podrán ayudarles a solucionar sus ansiedades, también porque no quieren exponer sus problemas y preocupaciones a otras personas. En consecuencia, terminan aislándose del mundo, encerrados en sí mismos, en sus temores. Para ellos, la mejor opción es seguir adelante, hacer como si nada estuviese pasando. No quieren incomodar, no les nace manifestar a alguien lo que sucede en sus cabezas. Sin embargo, algo que deben comprender estas personas es que quienes le aman se preocupan por su salud y bienestar. Me gustaría que leas con atención estas palabras, más si te sientes identificado/a con este error esencial. Si es tu caso, querido amigo, te invito a que salgas de esa celda. No conviertas tu mente en una cárcel porque te quedarás allí por siempre.

Mi recomendación es que hagas un esfuerzo y te abras a alguien de tu entera confianza. Siempre hay alguien en nuestro entorno inmediato que está dispuesto a tender la mano amiga. Si en la realidad objetiva no puede ayudarte a resolver el problema que te queja, el solo hecho de permitir que te expreses es un avance significativo para abandonar ese hueco de ensimismamiento en el que te has dejado caer por desconfianza.

No buscan ayuda

No te voy a mentir, me apasionan sobremanera las razones que alguien ansioso puede tener o enarbolar para justificar la inacción. Quienes atraviesan preocupaciones intensas prefieren convivir con sus problemas sin involucrar elementos externos. Un altísimo porcentaje de personas ansiosas descartan, diariamente, posibilidad de asistir a consulta con un psicólogo, psiquiatra o cualquier profesional de autoridad y debidamente autorizado para ayudarles a salir de la crisis. Esto es una lástima porque se ha demostrado que las terapias psicológicas son de gran utilidad y eficiencia para afrontar estos momentos tan difíciles en la vida de una persona.

La sabiduría es perspectiva, leí alguna vez en un ensayo antropológico sobre la violencia en el ser humano. Quienes se niegan a sí mismos la apertura suficiente para probar con nuevas perspectivas pasan el seguro a la puerta de salida de la crisis. En los últimos años ha crecido exponencialmente el número de centros de atención especializada que funcionan por líneas telefónicas para ofrecer asesoría y ayuda a estas personas. Las opciones están sobre la mesa, solo es cuestión de adoptar un enfoque determinado para mejorar la salud emocional.

Piensan que están solos

¿Por qué se niegan la posibilidad de abandonar la cárcel de sus preocupaciones en busca de soluciones? Responder a esta pregunta implica entender, con detalle, todo lo que sucede en la cabeza de una persona ansiosa. Este grado de ensimismamiento les impide ver que no son las únicas personas que se sienten así, solas y saturadas desde el punto de vista emocional. 1 de cada 5 personas han manifestado alguno de los síntomas referidos en los primeros segmentos de este libro. Así que, en definitiva, no están solos. La ansiedad es más común de lo que nos gusta admitir. Mucho tienen que ver las exigencias del día a día, las expectativas que hemos colgado de nuestros hombros cansados.

Es fundamental que estas personas entiendan que pasa con mucha frecuencia. Si aceptan esta realidad (incuestionable, por cierto), es posible que se abran más a las posibles soluciones que se encuentran fuera. Es decir, en el mundo exterior, lejos de la reverberación de sensaciones que han vuelto de cabeza su situación emocional.

Piensan en la ansiedad solo en términos negativos

Sí, es cierto que le hemos dado muchos toques de atención a la ansiedad, pero no todo es negativo cuando hablamos de esta. No intento confundirte con esto. Piensa en los millones de años que han transcurrido desde que el primer homo sapiens figuró una primera forma de lenguaje. Desde entonces hemos ido construyendo, paso a paso y a través de nuestra mente subconsciente, mecanismos de defensa que nos permiten sobrevivir a las distintas amenazas presentes en la vida. La ansiedad es un retazo de ese cerebro primitivo que aún vive en nosotros. Un error común de la persona ansiosa en la moderna es darle solo acepciones negativas a la ansiedad, cuando en realidad también nos ayuda en muchas formas.

Por ejemplo, nos mantiene a salvo. Cuando un niño se acerca a un columpio, visiblemente ansioso, presta toda su atención en mantener el equilibrio, en balancearse prudentemente. Esta agudización de la prudencia es consecuencia directa de un fuerte choque de ansiedad al enfrentarse al columpio, un juego que le supone un riesgo de acuerdo a su cerebro primitivo.

Se descuidan a sí mismos

Hay que tener mucho cuidado de este error, porque puede ser manifestación de algo más profundo como depresión o cualquier otro trastorno neurológico. Pero, sin ánimos de adentrarnos en temas más complejos, las personas ansiosas tienden a descuidarse a sí mismos en muchos sentidos. Producto, quizá, del aislamiento, comen más de lo habitual o no se toman el tiempo debido para higienizarse. En todo caso, es una manifestación notoria para quienes conforman su núcleo familiar más inmediato. Razones de peso sobran para prestarle atención a aquellos seres queridos que, de un momento a otro, han empezado a tratarse con un absoluto desdén, como si nada le importara más que estar inactivos a la manera de los espantapájaros en un desierto.

Haz el ejercicio y te garantizo que encontrarás, con pasmosa frecuencia, a algún ser querido que ha optado por este tipo de "paliativo" frente a las preocupaciones que le agobian. Abusar de drogas, del licor, de las comidas, caer en un profuso sedentarismo. Para diferenciar la depresión de la ansiedad hay que ser un verdadero experto, de manera que si notas esta actitud (en ti o en alguien más), es el momento de poner manos a la obra para revertir la situación.

Tratan de controlar su futuro

¿Cuál es el ombligo de la ansiedad? ¿En qué consiste su poder sobre algunas personas? ¿Cuál es su característica principal? Todas las formas de ansiedad surgen de nuestra obstinación por controlar aquellas cosas que son objetivamente imposibles de controlar. El futuro, por ejemplo. No existe mejor ejemplo para ilustrar algo que escapa de nuestras manos. Las personas ansiosas entran en ataques de pánico o crisis cuando suceden cosas que les trascienden. Un embudo en el tráfico, un aguacero torrencial que impide que lleguen temprano a una cita, una situación sanitaria específica, la oscilación de los mercados financieros. Estas son cosas que suceden más allá de nuestro margen de acción; preocuparnos por ella carece de todo sentido y fundamento.

Si estás pasando por una situación parecida, recuerda que hay cosas que sí puedes cambiar. Enfoca todas tus energías en cambiar estas y desentiéndete de aquellos eventos que, aunque te afecten, no están a tu alcance. En la medida en que entiendas esto tu situación emocional mejorará de forma sustancial.

Se distraen con facilidad

En algún momento de mi vida he padecido ansiedad, querido amigo. No te escribo a ciegas; lo hago desde la autoridad que me da haber experimentado esa sensación de ahogo y apatía. No te voy a negar que distraernos es reconfortante cuando estamos ansiosos. Cualquier cosa es distracción suficiente para quien se niega a afrontar los problemas y las preocupaciones. Un videojuego, una red social, algunas conversaciones sin valor alguno. Estos son ejemplos bastante representativos de lo que intento decirte. Ese fue mi caso cuando, años atrás, la ansiedad me ganaba algunas batallas cada día. Distintos psicólogos han confirmado que las distracciones pueden funcionar en casos de ansiedad solo parcialmente. Por otro lado, han manifestado estos expertos que cuando nos distraemos reforzamos inconscientemente la idea de que la ansiedad es peligrosa y, por lo tanto, debe evitarse.

¿Te ha pasado? O, peor aún, ¿te está pasando? Es un error común. No estás solo; evita las distracciones si has identificado que te entregas a estas porque das por hecho que la ansiedad te está hiriendo. Mi recomendación habitual es que busques con quien desahogarte. Puede ser un amigo de gran confianza, idealmente yo siempre buscaré un experto, un terapeuta especializado en casos de ansiedad.

La inconsistencia.

Todas las problemática que afectan tu salud (física o psíquica) tienen solución si partimos de la determinación y la fuerza de voluntad. Y es aquí donde entra en juego el último de los errores comunes analizados en este capítulo:

la inconsistencia. Si has dado el crucial paso de buscar ayuda profesional (¡buenísimo!), debes comprometerte con el éxito, apostar por él como si se tratara de un juego de tu equipo de fútbol favorito. Después de todo, estamos hablando de tu salud, de tu bienestar. ¿Quieres gestionar de mejor manera el conjunto de ansiedades que están tomando el control de tu vida? Comprométete. Si has decidido visitar a un terapeuta, entrégate cien por cien a sus recomendaciones y táctica. De otra manera, no superarás el complejo cuadro que atraviesas.

Sé que es difícil fijar cambios radicales en nuestras rutinas. ¿Quién no ha tenido que vivir estas dificultades en primera persona? Sin embargo, cuando el fin último es tan importante, tan vital, vale la pena hacer el esfuerzo y mantenernos constantes de principio a fin. No caigas, pues, en el error de la inconsistencia, responsable directo de que muchas vidas se hayan ido al desbarrancadero en lugar de avanzar raudos hacia la cima más alta.

Las emociones llegaron a nuestro planeta para hacer más efectiva esa garantía. Consisten en reacciones automáticas que el cerebro genera ante estímulos o situaciones que son de especial relevancia para los animales y las personas. En el curso de la evolución se perfeccionaron y multiplicaron penetrando progresivamente en todos y cada uno de los procesos mentales y conductuales. Hoy forman parte de nuestra esencia aun siendo como somos seres racionales superiores. No es exagerado afirmar que la vida humana se ha construido sobre un fondo emocional que influye poderosamente en nuestro modo de vivir, de pensar y de comportarnos. Una vida sin emociones sería muy diferente a la que conocemos.

Ignacio Morgado, Emociones corrosivas.

Capítulo 7

Plan para aliviar la ansiedad de su pareja

Finalmente hemos llegado al último capítulo de este libro. Un proyecto que nació por la imperiosa y creciente necesidad de mejorar nuestras relaciones de pareja desde un enfoque didáctico, claro y transparente. Como te he dicho en infinidad de ocasiones, cada párrafo leído hasta ahora se defiende por sí mismo. Tú, en la práctica diaria, me darás la razón. Podrás comprobar, al término de estas páginas, que la efectividad de las muchas recomendaciones, sugerencias y reflexiones provistas a lo largo de los 7 capítulos tienen una efectividad y un efecto infalibles en la realidad objetiva. Eso es lo que me ha trazado desde la primera oración y es lo que quiero concluir llegado al tan esperado desenlace.

El capítulo que estás por leer es meramente práctico. Se trata de un plan efectivo, eficiente y funcional que he desarrollado e implementado con todas esas personas que se han acercado a mí por las razones evidentes que aquí nos reúnen. Después de todo, ¿qué es la ansiedad más allá de un cúmulo de emociones fuertes que se han instaurado en nuestra mente subconsciente? Estamos habituados a ellas, hemos crecido con la emocionalidad en cada esquina. Por lo tanto, más que enfrentarlas con un enfoque de aversión, conviene aceptarlas y enfrentarlas siempre desde el optimismo. Lo que se busca es tener relaciones más placenteras, felices y plenas. En el camino, como es de esperar, nos toparemos con algunos obstáculos que fueron profundamente detallados y analizados en páginas anteriores.

A continuación conocerás un pequeño pero infalible plan para que ayudes a tu pareja en su manejo de la ansiedad.

Recuerda que una pareja es un conjunto, dos individualidades que convergen en puntos comunes basados en el amor y la ilusión de ser felices. En este sentido, tú serás parte fundamental de la recuperación de tu pareja. Un plan sencillo, basado en 5 claves, para recuperar tu relación y orientarla hacia su mejor momento. ¿Estás listo/a?

Plan para aliviar la ansiedad de tu pareja

Primera clave: Cambia tus códigos de comunicación

Todos somos sofisticadas máquinas de comunicación. Somos torres de telecomunicaciones andantes y parlantes, que transmiten y reciben señales de energía en cada momento del día. Cual estrellas radiantes en el cielo nocturno, vivimos y respiramos en un campo de energía unificado que nos conecta unos con otros. Cada movimiento o pensamiento informal o al azar llega a este campo e influye en él de alguna manera.

Cuando aprendemos a prestar más atención a las señales que recibimos y enviamos, reclamamos la autoría de un vasto poder creativo que no sólo nos afecta a nosotros, sino a todos y a todo lo que nos rodea. Con la práctica podemos adquirir mayor confianza en nuestra capacidad para usar esta red energética y mejorar nuestra vida sintonizando nuestro transmisor —nuestros pensamientos— con una frecuencia más positiva.

Tú puedes crear una vida excepcional, Hay Louise.

El primer paso para ayudar a tu pareja a vencer el cuadro de ansiedad en que se encuentra sumida es darle un giro radical a las narrativas y códigos con los que usualmente se comunican. Se trata de la primera clave porque los seres humanos encuentran acuerdos a través del lenguaje. Sin embargo, aunque el lenguaje es una herramienta maravillosa, puede estar viciada por lugares comunes que no contribuyen a la solución del conflicto en cuestión. Ahora bien, ¿qué significa esto de cambiar los códigos comunicacionales?

A partir de ahora toda la comunicación debe ir orientada a *minimizar el problema*. Tus palabras ejercerán, ahora, la función básica de restarle importancia a las preocupaciones que asolan a tu compañero/a sentimental. Evita a toda costa expresiones como:

- ¿Por qué no lo haces y ya?
- ¿Por qué no haces ejercicio y te relajas?
- ¿No crees que estás exagerando?
- Todo está en tu cabeza. Ignóralo y verás que no es para tanto.
- ¿Has probado tomar algún calmante?

Este tipo de expresiones son manifestación inequívoca de una falta de empatía grotesca, en absoluto digna de una relación de pareja que supone compasión y comprensión. Tienes la responsabilidad de construir puentes que le den a entender que estás con él/ella, que comprendes su preocupación y que, juntos, trabajarán en ello. La sensación de confianza que una pareja sentimental puede proveernos jugará un papel determinante a partir de ahora. Desvístete de prejuicios, querido lector, ya que estas ideas preconcebidas son en parte responsables de que las personas ansiosas opten por el aislamiento en momentos de oscuridad emocional.

Segunda clave: Encuentren, juntos, la raíz de su ansiedad.

Establece un plan de acción que ayude a tu pareja a sentirse en un espacio seguro, donde sus comentarios, miedos e inseguridades no serán utilizados en su contra. Ten en cuenta que un cuadro de ansiedad se manifiesta, entre muchas otras formas, como una vulnerabilidad aguda. A estas personas les cuesta horrores abrirse porque sienten que serán juzgadas o porque genuinamente creen que nadie podrá ayudarles. Tú más que nadie conoces a tu compañero/a de vida. De manera que, ¿quién mejor que tú para ahondar en la raíz del problema? No tienes que hacer más que mostrarte totalmente abierto a escuchar sus razones. Hazle sentir, con las palabras correctas, que eres consciente de su fortaleza, de su determinación. Esto, para que no le genere más ansiedad, debe ir acompañado de frases de compasión y comprensión. Algunos ejemplos son:

- "Sé que eres una mujer increíblemente fuerte. Me lo has demostrado por mucho tiempo".
- "Te he visto superar conflictos que yo, ni en sueños, habría sabido gestionad".
- "Sea lo que fuere eso que te está aquejando, estaré a tu lado y lo resolveremos juntos".
- "Estoy segura de tienes tus razones para estar preocupado, pero no estás solo. Quiero que cuentes conmigo".

Es posible que, en primera instancia, no consigas la información que buscas, pero al mostrarte *presente* reafirmas la conexión. Entonces solo es cuestión de tiempo para que conozcas (y, en lo sucesivo, comprendas) la dimensión del problema.

Tercera clave: Participa activamente en su recuperación.

"En la salud y en la enfermedad" es más que una frase cliché, resonada en los matrimonios desde tiempos inmemoriales. La tercera clave de este plan pasa, en primer lugar, por un reforzamiento de tu parte. ¿Estás realmente comprometido con la felicidad de tu relación? ¿Qué tan dispuesto estás para participar activamente en la recuperación de tu pareja? Esta es una pregunta que todos responden, de sopetón, con afirmaciones vacuas. Pero quiero que lo pienses bien antes de responder. Si, tras pensártelo mejor, la respuesta sigue siendo afirmativa, ha llegado el momento de convertirte en el mejor copiloto del mundo.

Mi recomendación es que le comentes que la ansiedad es muy común, y que la mejor opción siempre será acudir con un especial o terapeuta especializado en este tipo de tratamientos. Pero no dejes la pelota en su lado, recuerda comprometerte. Es imprescindible que enfatices lo siguiente: te ayudaré en todo el proceso. Buscaremos juntos al mejor terapeuta, estaré contigo en cada consulta, te acompañaré cada día, ya verás que somos una pareja invencible. Seguramente ya intuyes esto, pero el hecho de que le acompañes, de que te responsabilices de él / ella en clave paternal reforzará significativamente la confianza. Incluso si tu pareja ha sido siempre escéptica con este tipo de tratamientos, apreciará de tal manera tu iniciativa (no la iniciativa en sí sino tu acercamiento, tu actitud, tu entrega, tu genuino interés), que se animará a que, juntos, de la mano, enfrenten este conflicto.

Cuarta clave: Protégete (y protégele) de recaídas.

En primer lugar, cuídate: la ansiedad, aunque sea una problemática muy presente en la actualidad, sigue teniendo efectos mayores en quienes no la padecen de forma directa. No te mentiré al respecto, es posible que durante el proceso de recuperación sientas frustración. Es fundamental que, aunque no seas tú quien tenga el problema, tomes la batuta y cuides de la relación, con todo lo que ello implica. No es fácil, pero vale la pena. No creo que tenga que convencerte de eso, ¿o sí?

En segundo lugar, consolida los patrones de comunicación advertidos en la primera clave. Refuerza tu empatía, tu comprensión. Ahora que estás en medio de esta problemática, sabes lo duro que es y el efecto que puede tener en tu relación. Como en un puente, sin un

217

sostén a cada extremo la relación terminará derrumbándose. Ahora que has puesto en marcha este plan, solo debes mejorar/optimizar tu comunicación con esa persona. A partir de ahora, todas las preocupaciones, por insignificantes que parezcan, han de ser evaluadas en su justa medida. Uno de los principales problemas de la ansiedad en las parejas es que una de las partes subestima el impacto que las preocupaciones ejercen sobre su compañero/a. Este es un punto de inflexión, en ocasiones, si no se gestiona adecuadamente, puede traer consecuencias nefastas.

Quinta clave: Sean felices.

La quinta clave es que, en el proceso e incluso después de superada la ansiedad, se dediquen mutuamente todo el amor que corre por sus venas. Recuerda en todo momento que la ilusión, una vez que se pierde, es muy difícil reencontrarla. Así que te invito a que trabajes, día tras día, en mantener viva la ilusión de una vida juntos, de una relación duradera y saludable. Sé que le amas con todas las fuerzas de tu corazón; soy testigo ocular del compromiso que tienes con tu relación. Ahora solo necesitas trasladar ese compromiso a acciones concretas. Para ello, apóyate en las decenas de recomendaciones y sugerencias ofrecidas en estos siete capítulos. Te auguro, querido lector, una maravillosa relación, llena de felicidad, ilusión y pasión.

Conclusión

Querido lector, estas son las últimas palabras de un maravilloso paseo. Un paseo que, sin lugar a dudas, supondrá para tu vida una transformación efectiva e increíble. No lo digo desde la arrogancia sino desde la experiencia. Cuando empecé a interesarme por el universo de las relaciones de pareja, inmediatamente tuve la intuición de enfrentarme a un tema complejo a la vez que valioso como lo es la ansiedad. ¿Por qué tantas relaciones (buenas relaciones, dicen siempre los testigos) terminan derrumbándose en función de las preocupaciones? Si algo he aprendido en estos años de dedicación al crecimiento personal es que las emociones son más efectivas como aliadas que como enemigas. Sin embargo, estamos tan habituados a ver el vaso medio vacío que nos cuesta utilizar un lente de optimismo.

Siguiendo el orden de ideas ofrecido desde la introducción, he querido dar respuesta a las preguntas más comunes sobre la ansiedad en el vasto mundo de las relaciones sentimentales. Con esfuerzo, y basándome en mi experiencia, construí cada capítulo con un lenguaje diáfano y práctico, lejos de tecnicismos y digresiones demasiado confusas. Te garanticé, al principio de este libro, que llegada la última oración muchas de esas dudas habrían quedado absolutamente resueltas. Ahora que tienes en tu haber conocimientos tan necesarios como las causas que devienen en ansiedad, los errores más comunes en el que caen las personas ansiosas, las manifestaciones físicas, o los consejos infalibles para una relación duradera, ¿qué harás al respecto? ¿Estás dispuesto/a a hacer caso omiso de tu nuevo súper poder?

Ya no hay excusas, querido lector, para tomar las riendas de tu vida, de tu emocionalidad, y enfocar todos tus esfuerzos al saneamiento de tu relación. Estoy convencido de que, si utilizas este libro como una guía para la acción, más temprano que tarde notarás los increíbles resultados que todas estas recomendaciones te proveerán. En lo personal, estoy muy agradecido por haber descubierto estas pautas que cambiaron mi perspectiva de la relación de pareja. En este sentido, la última reflexión. Esta proviene del libro *Ciclo vital de la pareja y la familia*, escrito por Ernesto Rage Atala:

> Todo conocimiento implica un riesgo, y es necesario arriesgarse, muchas veces en la vida tendremos que hacerlo. No se trata de tener una garantía que nos dé la seguridad de que siempre triunfaremos. Habrá momentos de dolor y fracaso, pero habrá otros de felicidad por haber logrado la meta. Lo importante es haberlo intentado y haberse comprometido.

Oficialmente te doy la bienvenida al grupo de personas que son conscientes de su poder, y que han decidido aplicar todos los recursos que consideren necesarios para mejorar todas las condiciones inherentes a su relación de pareja. No es fácil abandonar la jaula del ensimismamiento para comprometernos de tal manera. Por eso en este momento, más que felicitarte quiero darte las gracias por haber dado el primer paso hacia tu nueva vida.

www.ingramcontent.com/pod-product-compliance
Lightning Source LLC
Chambersburg PA
CBHW071409150726
48000CB00001B/237